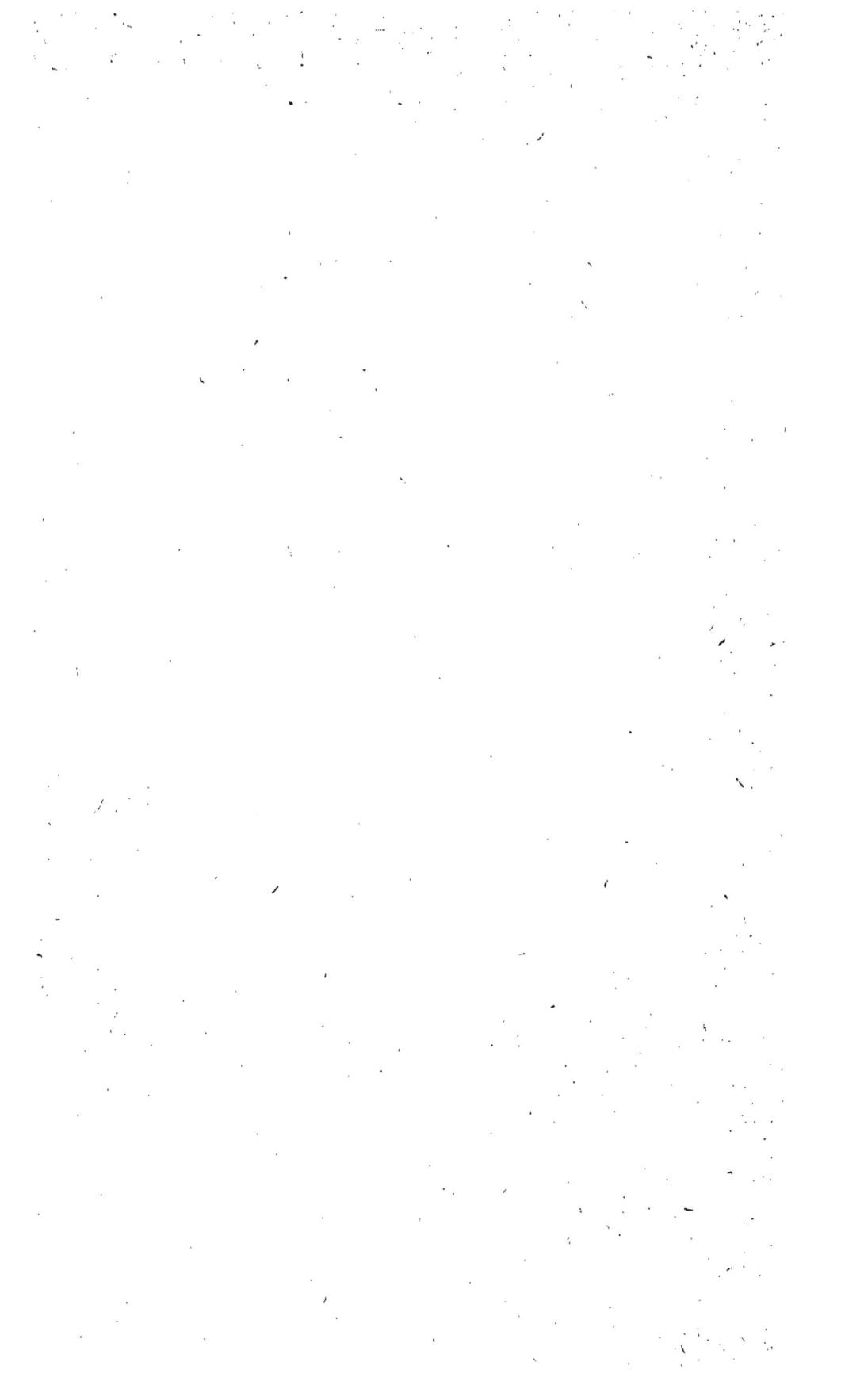

JEAN MARIELD

LA FRANCE

A

MADAGASCAR

PARIS

CHALLAMEL AINÉ, ÉDITEUR

LIBRAIRIE COLONIALE

5, RUE JACOB ET RUE FURSTENBERG, 2

1887

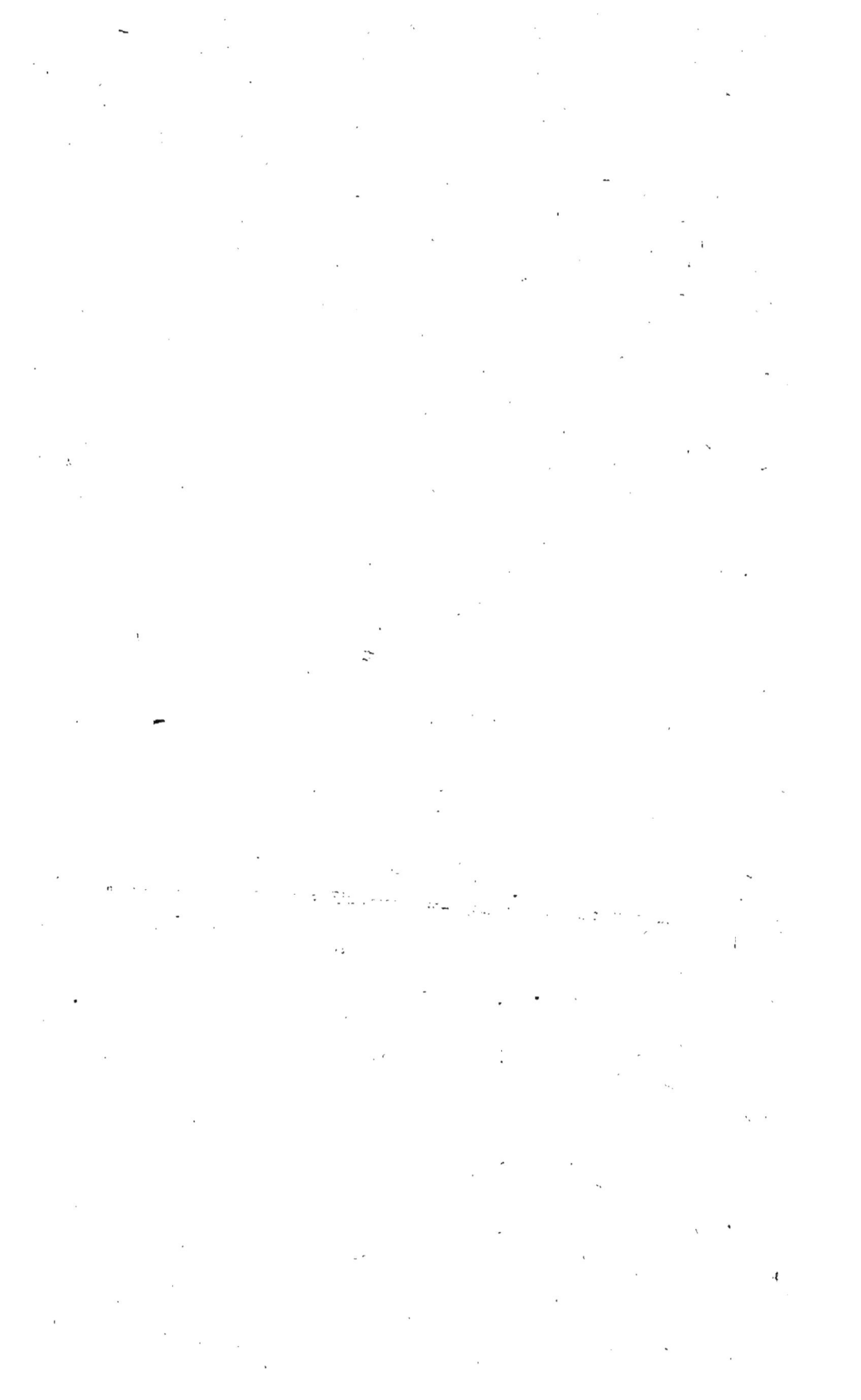

LA FRANCE

À

MADAGASCAR

TYPOGRAPHIE FIRMIN-DIDOT. — MESNIL (EURE).

JEAN MARIELD

LA FRANCE

A

MADAGASCAR

PARIS

CHALLAMEL AINÉ, ÉDITEUR

LIBRAIRIE COLONIALE

5, RUE JACOB ET RUE FURSTENBERG, 2

1887

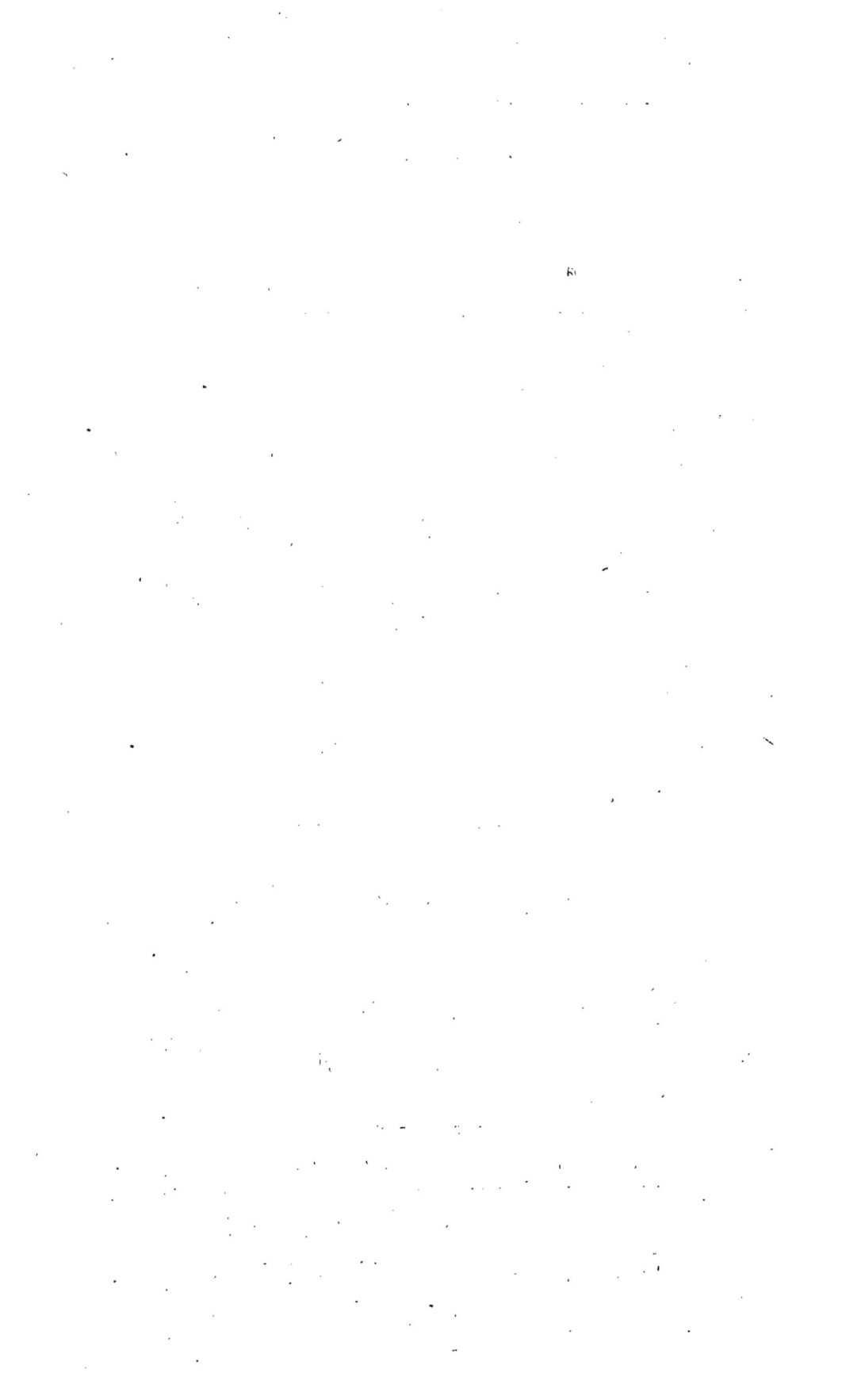

LA FRANCE

À

MADAGASCAR.

I.

SITUATION ACTUELLE.

La situation à Madagascar se complique chaque jour, à tout instant, de plus en plus.

Le premier ministre, Raïnilaïarivony, excité par les missionnaires anglais, refuse obstinément de se conformer aux clauses du traité.

Ne tenant aucun compte des réclamations ni des protestations de notre résident général, et même à son insu, le premier ministre passe des marchés d'approvisionnement d'armes et de munitions, qu'il destine sans doute, dans un avenir prochain, à servir contre nos soldats; il

1*

enrôle des vagabonds de tous pays qu'il incorpore
dans son armée; il décrète la banque royale
malgache dans le but de livrer à l'Angleterre
les richesses du pays, au détriment de la France
et contrairement aux stipulations du traité; il
fait entourer Tamatave, Majunga et Vohémar
d'une ceinture de forts détachés pour pouvoir
bloquer nos troupes dans le cas où nous réoccu-
perions de nouveau ces places de la plus haute
importance; il oppose obstacle sur obstacle à la
solution de la question de Diégo-Suarez, espé-
rant n'être jamais obligé de la résoudre confor-
mément aux conventions; il sévit sans pitié,
contrairement à ses promesses, sur les Antankars
et les Sakalaves, nos fidèles alliés et nos protégés,
replacés si imprudemment et si impolitiquement
sous le joug des Hovas; il crée toutes sortes
d'entraves à l'exercice de la religion catholique;
nos missionnaires sont, peu s'en faut, mis hors
la loi; il fait subir des vexations sans nombre à
nos nationaux, qui, confiants dans l'observation
du traité, étaient retournés à Madagascar et y
avaient repris leurs opérations commerciales;
ces vexations se sont développées à tel point que
nos compatriotes, redoutant à bref délai une

nouvelle expulsion en masse, ont interrompu leurs entreprises commerciales et industrielles, à la grande joie de leurs concurrents, les Anglais et les Allemands, que les Hovas favorisent de tout leur pouvoir afin de ruiner les Français; le premier ministre n'a-t-il pas poussé l'impudence et le mépris du traité jusqu'à nommer, de son propre chef, sans l'assentiment du résident général, des agents auprès des puissances étrangères? Ce fait, à lui seul, ne constitue-t-il pas la rupture définitive du traité, l'indépendance complète de la reine?

Notre résident, malgré ses éminentes qualités, se trouve sans crédit aucun, sans influence aucune auprès du gouvernement hova. On ne tient aucun compte de ses conseils ni de ses observations, pas plus que de son veto; on a même poussé le dédain à son égard jusqu'à violer son domicile.

Une troupe de musiciens, louée et payée de ses propres deniers pour jouer dans sa résidence pendant un banquet, a reçu ordre du ministre de la guerre de quitter sur-le-champ le domicile du résident et de se disperser.

Ce manque d'égards, ce sans-façon vis-à-vis de

notre résident général ne rentre-t-il pas dans la
catégorie des cas de violation de domicile? et
ici tout particulièrement n'y a-t-il pas une grave
insulte à notre résident général? J'en appelle
aux jurisconsultes les plus conciliants. J'en réfère
aux us et coutumes du code international.

Le fatal traité Patrimonio-Miot est déchiré et
réduit à néant par la fourberie et la mauvaise
foi des Hovas.

Quelle sera la détermination du gouvernement
français en présence de cette flagrante violation
du traité conclu par ses agents accrédités et
approuvé par lui sans réserves?

II.

ÉTAT MORAL ET PHYSIQUE DU HOVA.

Le Hova, auquel nous avons abandonné si inhumainement et si impolitiquement la mission de gouverner Madagascar et de diriger les Malgaches vers la civilisation, est le peuple le plus corrompu qui existe au monde et le moins propre de tous les Malgaches à la haute mission qui lui est confiée.

Le sens moral lui échappe entièrement. Le moral et le physique sont chez lui dans le même état de dégradation. Le Hova est aussi pourri au moral qu'au physique.

L'honhêteté est l'équivalent de l'idiotisme chez ce peuple malsain. La fourberie est considérée comme la plus désirable qualité; elle est la plus appréciée entre tous les autres odieux penchants. Tel n'est estimé ni reconnu intelligent qu'autant qu'il parvient à tromper son adversaire.

La pudeur se révolte à dévoiler les actes honteux auxquels se livre le Hova pour satisfaire sa bestiale lubricité. Aussi son corps est-il pourri de syphilis, rongé par la gale et dévoré par la gangrène. Le nombre des lépreux est considérable relativement à la population.

Ajoutez à toutes ces laideurs morales et physiques la passion immodérée, irrésistible pour les liqueurs alcooliques; et, des terribles effets que produit l'ivrognerie furieuse, vous jugerez quel être abject est le Hova. La démence succède bientôt à l'ivresse furieuse; alors il n'est crime si atroce, si abominable, qu'il ne commette, se précipitant, l'écume à la bouche, sur tout être vivant, homme ou animal, qu'il rencontre sur son passage, pour le tuer et se vautrer dans son sang.

Et quand je pense que, n'ayant en face que de si pitoyables adversaires, on a reculé devant le danger d'une course à Tananarive, la capitale!

Et quand je pense que ces brutes affichent un souverain mépris à l'égard du Français! « Eh! qu'est-ce que c'est que ça, le Français? » disent-ils en bavant l'injure.

Oui! quand je pense que nous avons été chassés de Madagascar par ces fantômes de guerriers!

Oui! quand je pense que la France s'est abaissée

jusqu'à solliciter un traité d'entente cordiale avec ces sortes de diplomates menteurs et fourbes, sans cœur, ni foi! eh bien, moi aussi, je m'écrie, plein de douleur et de honte : « Eh! qu'est-ce que c'est que ça, les Français? »

On comprend que les gouvernements de l'Annam et du Tonkin aient été conservés entre les mains des lettrés annamites, parce que le peuple annamite possède une civilisation antique, bien antérieure à la nôtre et en certains points supérieure à la nôtre, possédant une administration simple et admirablement organisée dans les moindres détails.

Mais soumettre les Malgaches à la domination des Hovas et à leur direction morale et positive, est un non-sens criminel, une aberration meurtrière, car les Hovas ne peuvent enseigner aux Malgaches ni moralité ni administration quelconque, n'ayant eux-mêmes ni moralité, ni administration, ni probité; — leur gouvernement est le gouvernement du bon plaisir et du caprice.

Sachez encore que le Hova est l'objet de la plus profonde aversion de la part de toutes les autres peuplades, à cause de ses vices obscènes et de sa malpropreté proverbiale; il est réputé

être impur; il inspire le dégoût; on l'a sur-
nommé ambua-lambou (chien-cochon).

Le Hova est étranger à Madagascar; il est
originaire de la Malaisie. A son arrivée dans l'île,
il fut rejeté de partout par les indigènes. Ne
pouvant se fixer nulle part sur le littoral, traqué
qu'il était comme une bête malfaisante, il parvint
après de grandes peines et de longues souffrances
à se frayer un chemin vers les hauts plateaux
d'Émyrne où il se fixa définitivement, s'y trou-
vant à l'abri des attaques des indigènes. Il y
vécut longtemps dans la plus complète tranquillité, s'organisant peu à peu, s'efforçant d'endormir la méfiance et la haine des voisins,
peuples primitifs, faciles à tromper; semant
adroitement et cauteleusement la division entre
eux, il sut, à force d'astuce, les isoler les uns des
autres, et, ce travail accompli, il envahit par des
masses nombreuses le territoire de chaque peuplade, les unes après les autres, mettant tout
à feu et à sang, sans pitié ni miséricorde, comme
un fauve avide de carnage.

Ne vous imaginez pas toutefois, malgré ses
brillants succès, que le Hova soit un homme
courageux, recherchant la lutte, le combat, le

danger. Non, vous tomberiez dans l'erreur la plus profonde sur le mobile qui le pousse à agir dans les circonstances périlleuses.

Le Hova est essentiellement timoré, peureux, poltron. Ce que l'on appelle son courage n'est autre chose que l'effet d'une excitation névrosique momentanée, engendrée par la crainte d'être massacré par ordre de la reine, s'il ne marche pas à l'ennemi. Il ne peut échapper à la reine, s'il recule, tandis qu'il a des chances de conserver sa vie en se battant.

Ce courage tout d'apparence n'est autre chose que l'impudence du lâche auquel, par mégarde ou par pitié, on a permis, sans les réprimer, certaines libertés de paroles et d'allures. C'est de la pure fanfaronnade, car chez le Hova, croyez-le bien, il y a absence complète de ce sentiment chevaleresque qui fait braver le danger et porte même à le rechercher.

En toute circonstance, plus ou moins suspecte, le Hova débute par trembler d'un tremblement convulsif; il regarde furtivement d'un côté et d'autre pour savoir s'il ne pourrait pas échapper à l'épreuve; et ce n'est que convaincu qu'il y a plus de danger à fuir qu'à avancer qu'il s'élance vers l'ennemi comme un fou furieux, sans savoir ce qu'il fait ni où il va ; c'est un sourd-aveugle qui tape à tort et à travers.

Résistez, impassible, à ce premier élan frénétique, et bientôt, las de s'escrimer en vain, le Hova s'enfuira à toutes jambes, s'il ne tombe à vos pieds en vous suppliant de lui conserver la vie, vous disant : « Ce n'est pas moi, c'est la reine. » Mais malheur à qui lui fait grâce de la vie, car il se relève soudain, dès qu'il se croit hors de danger, et le frappe traîtreusement dans le dos.

Y a-t-il fanfaron plus impertinent, plus audacieux, plus vantard, plus cruel que le lâche, tant qu'il n'a pas été vertement tancé dès ses premières incartades ? Tel est le Hova. Tel est le Hova que notre incurie, notre manque de persévérance et notre coupable indécision séculaire ont créé de toutes pièces ; le monstre n'est pas à redouter, et le plus petit de nos troupiers suffirait à le renverser.

A quoi donc tiennent nos insuccès répétés à Madagascar ? Hélas ! cent fois hélas ! quelque pénible qu'il soit de l'avouer, nous devons le confesser en nous meurtrissant la poitrine. Ces multiples insuccès tiennent à notre caractère national, qui nous porte à nous jeter, à nous précipiter dans la folle aventure sans réflexion aucune, sans études préalables, avec des moyens insuffisants, au petit bonheur la chance, aux audacieux la fortune. Il en a été toujours ainsi ; en sera-t-il toujours de même? Il serait grandement temps, à mon avis, de se corriger de ce grave défaut qui a amassé tant de calamités sur notre malheureuse et chère patrie. Il serait grandement temps de mettre bon ordre à nos affaires et de rappeler à la raison la folle du logis.

Il faut nous préparer cette fois sérieusement à la conquête définitive de Madagascar, avec sagesse, prudence et résolution. Assez d'insuccès!

III.

LE TRAITÉ.

Le traité franco-hova a été bâclé avec tant de précipitation et une ignorance si grande du caractère hova, que l'on serait presque en droit de soupçonner le patriotisme du ministre qui l'a conclu.

Ce traité, en effet, ne nous donne que la gloriole du protectorat moral en ce qui concerne les relations avec les puissances étrangères et laisse au gouvernement hova l'entière liberté de diriger à sa guise les affaires administratives du pays et de disposer selon son caprice des richesses territoriales, même au détriment des intérêts de la France et plus particulièrement en faveur des Anglais, nos compétiteurs acharnés à l apossession définitive de l'île.

Que pouvait-on attendre, en effet, des diplomates qui avaient reçu mission de conclure un traité? Ces diplomates s'étant vantés, m'a-t-on assuré, de pouvoir toujours et en toutes circonstances régler les différends internationaux quels qu'ils soient, interrogés sur leur secret, ils auraient, toujours d'après le dit-on, répondu imperturbablement et impudemment : « Parbleu! nous accordons toujours tout, et nous n'exigeons jamais rien. »

Pour comble de mystification, ce déplorable traité a été passé, par nos peu scrupuleux agents et aussi peu soucieux de l'honneur de nos armes, à la suite d'une sanglante défaite, la déroute de Farafatrana. Les Hovas étaient ainsi autorisés à nous considérer comme implorant la paix; de sorte qu'ils se sont montrés arrogants et exigeants, ne nous abandonnant que le côté moral, qu'ils ne comprennent pas, qui n'existe pas dans leurs mœurs, se réservant totalement la partie positive sans contrôle aucun de notre part.

Notre faiblesse, notre imprévoyance de l'avenir, notre ingratitude envers le présent, notre oubli des promesses faites, ont été tels que nous avons renié sans rougir nos protégés de la veille, nos amis de tout temps, les Antankars et les Sakalaves, en faveur desquels nous avions entrepris la campagne et qui s'étaient bravement compromis dans nos rangs en combattant vaillamment contre les Hovas. Notre manquement de parole et de reconnaissance a poussé le scandale jusqu'à courber définitivement sous le joug des Hovas ces honnêtes populations, qui avaient eu confiance en nous et qui s'étaient spontanément levées en masse à notre appel pour courir sus à l'ennemi commun.

Maintenant que sont devenus nos droits séculaires sur la grande île, sur la France orientale? Le traité les abolit; le traité les confère aux Hovas, comme préexistant en leur faveur, admettant leur préemption avant la nôtre.

Comme conséquence de cet acte déplorable, nous ne sommes plus rien à Madagascar, alors que dans la France orientale d'autrefois, bien avant que le nom hova ne fût connu, nous étions tout; alors que, jusqu'au jour de la fatale signature de ce fatal traité souillé du crime de lèse-patrie, nous avions conservé précieusement, de génération en génération, nos incontestables titres, écrits avec le sang généreux de nos soldats, à la possession sans partage de la grande île africaine.

Mais aussi quelle idée insensée de faire une convention avec des gens sans foi ni loi, avec des gens qui ne pouvaient avoir d'autre intention en entrant en pourparler que de traîner l'armistice en longueur, de fatiguer notre patience, de réparer leurs pertes, de refaire leurs approvisionnements, et de se préparer de nouveau à la résistance !

Avec un Hova, toute convention est une duperie, un sujet à discussions interminables, et en fin de compte une chose non avenue. Si les traités entre nations sont faits pour tromper l'adversaire et pour être violés à l'occasion, c'est bien certainement le cas chez le peuple hova.

Combien ignorants et présomptueux, ou niais, si vous aimez mieux, nous autres Français ! Comment, depuis le temps que les Hovas nous trompent, se moquent de nous et nous raillent, nous continuons imperturbablement à vouloir raisonner avec eux, comme s'ils avaient les mœurs, les us et les coutumes françaises, alors qu'ils n'ont à notre égard que mauvaise foi, ruse, astuce, duplicité et fourberie !

Un traité est le résultat d'une discussion loyale d'intérêts réciproques. Or le Hova est sans loyauté; or le Hova est tout de mauvaise foi. On ne peut donc raisonnablement discuter avec lui, ni par conséquent conclure un traité. On ne peut que

lui imposer des conditions *sine quâ non*. Si
on a la bonhomie de discuter avec lui, il se figure qu'il a le droit et le devoir de refuser ce
qu'on lui demande ; si, au contraire, on lui im-
pose des conditions, il est persuadé que vous avez
le droit et la force de les lui imposer.

Tout traité est donc inutile avec lui, c'est un
sujet à querelles sans fin. Le Hova ne se soumet
qu'à la crainte et à la force brutale.

Vous, ministres de la grande nation, de la
nation lettrée par excellence, vous parlez aux
Hovas comme s'ils étaient vos égaux en moralité,
en loyauté et en instruction (le jour et la nuit
ne sont pas plus discordants), alors que, pour
traiter avec eux, il ne faut pas songer à pouvoir
les élever jusqu'à vous, mais simplement et uni-
quement à descendre à leur niveau et à les prendre dans leurs propres filets.

Vous, ministres et membres de la noble Aca-
démie, vous vous donnez la peine, ou le plaisir,
ou la vanité d'exprimer vos sentiments, vos raisons et vos arguments dans le plus pur français.
Or, qu'arrive-t-il si, par hasard, un de vos
arguments, quelles que soient la lucidité, la
clarté et la netteté de la construction de la phrase

qui l'exprime en notre si admirable langue, les gêne et les embarrasse? qu'arrive-t-il? disais-je. Ils répondent froidement, sans s'émouvoir : « Nous ne comprenons pas, nous n'avons pas de termes dans notre idiome pour rendre la signification que peuvent avoir vos paroles ; nous ne saisissons pas votre pensée. »

Combien autres seraient votre influence et votre autorité si, descendant jusqu'à eux, vous parliez leur langue! Alors toute tentative d'échappatoire de leur part serait sans excuse et impossible. Combien encore votre tâche serait facilitée par une connaissance approfondie de leurs mœurs, de leurs préjugés et de leurs aspirations; si, en un mot, pour traiter avec un Hova, vous pouviez passer dans la peau d'un Hova.

Eh bien, si vous n'aviez pas en vous-mêmes cette faculté si précieuse, vous l'aviez en la personne d'interprètes européens, Français comme vous, établis à Madagascar depuis de nombreuses années, parlant le hova avec une rare perfection, connaissant intimement les hommes et les choses du pays. Mais votre vanité et votre orgueil ne vous ont pas permis de recourir à leurs lumières; vous avez préféré confier l'honneur et les intérêts

de la France à deux agents plus ignorants encore
que vous-mêmes des affaires de Madagascar.

Il est une idée préconçue chez tout ministre,
même chez le ministre d'un jour, c'est que la
seule position de ministre donne la science infuse,
et que par conséquent un ministre ne se trompe
jamais. C'est dans cet état d'esprit que l'enfan-
tement fantasque du traité a eu lieu à la chancel-
lerie et a été confié à deux émissaires passifs. Ce
traité émané de si haut a été jugé par les simples
mortels comme dénué de sens commun, contraire
à l'honneur et préjudiciable aux intérêts de la
France.

Il semble que nos ministres, en se prétendant
ainsi mieux aptes à juger toutes choses que ceux
qui sont nés dans la profession et connaissent à
fond le sujet, veuillent justifier cet aphorisme :
« En France, il suffit d'ignorer une question pour
être appelé à la résoudre ».

Eh! qu'y avait-il donc tant besoin de faire
un traité? qui vous pressait donc tant d'accomplir ce nouveau désastre? Les Hovas étaient à
bout de ressources; la famine se déclarait à
Tananarive. Les soldats vainqueurs de Farafatrana
et ceux encore vierges de gloire de Marouvay et

de Mahevatanane, mouraient en nombre chaque jour, épuisés par la fièvre, la dysenterie et la faim. Vous n'aviez plus d'ennemi en armes devant vous; vous n'aviez affaire qu'à des agonisants implorant pitié et grâce; et c'est vous, en pleine force, bien nourris, bien équipés, qui vous prosternez suppliants aux pieds du moribond!

Conclu dans ces conditions, le traité Patrimonio-Miot est une honte et un désastre dont il est impossible de calculer la gravité pour l'avenir.

La maladresse du traité soulève l'indignation, et nous réprouvons de tout notre amour patriotique offensé la facétie rabelaisienne du rapporteur du traité, M. Clamageran, quand il apostrophe les dignes députés et sénateurs de l'île de la Réunion par ces mots, qui deviendront légendaires : « Certainement les députés et les sénateurs de l'île de la Réunion ne seront pas contents ».

Que signifie un pareil langage d'ironie, quand il s'agit de l'honneur et de la grandeur de la France? Les députés et les sénateurs de la Réunion ont fait leur devoir de patriotes en proclamant bien haut l'intérêt de la France à occuper Madagascar et en faisant connaître les vices du traité, et M. Clamageran a eu grand tort de persifler les opiniâtres champions de la colonisation.

Le rapport de M. Clamageran est digne en tous points du traité Patrimonio-Miot.

Qui paiera la pasquinade? La France!

Je ne comprends pas que des chambres françaises et républicaines aient pu, à la suite du rapport fallacieux du trop complaisant rapporteur, approuver un traité aussi désastreux pour nos intérêts que honteux pour notre armée.

Cette approbation inconsciente m'autorise à penser que, lasses d'énergie, les chambres actuelles, à l'imitation des chambres introuvables d'autres temps néfastes, ont été heureuses de se laisser convaincre par l'argumentation égoïste et jésuitique d'un groupe de protestants, que j'ai déjà signalés à l'attention et à la réprobation publiques, et qui, par esprit de secte en opposition à la foi catholique, prêchent sans vergogne la cessation de nos projets de conquête par la France catholique et l'abandon de Madagascar à l'Angleterre protestante.

Ce groupe fatal, organisé et commandé par un officier général, ainsi que je l'ai dit ailleurs, n'a pas cessé, même pendant le cours des hostilités,

de faire conseiller aux Hovas par leurs coreligionnaires, les missionnaires anglais, d'opposer
une résistance à outrance, leur prédisant une
victoire complète prochaine. « Les Français, leur
disaient-ils, n'iront jamais à Tananarive; vous
êtes à l'abri de leur atteinte; résistez donc; la
fièvre et la lassitude auront bientôt raison de leur
fougue et de leur courage. »

Ce traité antipatriotique, résultat des machinations protestantes, imposé par un ministre
pour faire échec à un autre ministre, signé et
paraphé par des agents plus que passifs, acclamé
par un rapporteur plus que complaisant, et
approuvé par des chambres dont la souplesse
rendrait jalouses les chambres des introuvables,
ne peut être considéré, par les gens soucieux de
la grandeur et de l'honneur de leur pays, que
comme le résultat d'une panique due à notre
épuisement financier; car la république a au
cœur l'amour de la patrie, car la république
tient la parole donnée aux populations oppri-
mées, car la république maintient haut et ferme
ses droits et les fait respecter.

A demain sans doute les affaires sérieuses, et
cette fois d'une façon irrévocable.

Comment nos députés et nos sénateurs ont-ils pu se laisser aveugler au point de méconnaître nos intérêts, et entraîner à faire le sacrifice de Madagascar pour le livrer aux mains des Anglais à l'exclusion de la France, qui a versé tant de sang sur cette terre promise!

Personne n'ignorait cependant le projet coupable des protestants français et leur connivence. Les diverses brochures, pleines d'erreurs et de mensonges, qu'ils ont publiées sont un témoignage flagrant et irrécusable de leurs intentions et de leur conduite.

L'impudeur des méthodistes, leurs alliés et leurs compères, a éclaté dans toute sa hideuse rapacité le jour où ils se sont crus maîtres de la situation par la création de la banque royale malgache, formée au moyen de capitaux anglais seulement.

Si le projet des méthodistes n'avait été déjoué par la vigilance des députés de la Réunion, Madagascar échappait à jamais de nos mains et passait définitivement dans celles de l'Angleterre, sous nos yeux ébahis de tant d'audace, d'astuce, de félonie et d'hypocrisie.

Il faut espérer que nos mandataires, après mûre

réflexion, revenus de leur erreur, comprenant l'inconvénient du traité et l'importance de l'occupation de Madagascar, feront un heureux retour sur eux-mêmes et voteront d'emblée le vrai et unique moyen de mettre Hovas et méthodistes à la raison : la conquête définitive et sans partage.

Il faut en finir, enfin, avec une question qui dure depuis deux siècles et demi, et qui menace de s'éterniser et de dévorer en pure perte millions sur millions, sans avancer d'un pas vers la solution rationnelle, faute d'énergie, de patience et de persévérance.

Abandonner Madagascar! allons donc! la république saura, j'espère, conquérir et garder la France orientale.

IV.

L'ARTICLE 2 DU TRAITÉ FRANCO-HOVA.

L'article 2 du traité franco-hova porte déjà des fruits d'une amertume tellement révoltante que le résident général, ne pouvant plus long-temps résister à leur écœurante absorption, demande à grands cris son retour en France, en changement d'air et de nourriture.

Cet article est ainsi conçu : « Un résident général, représentant le gouvernement de la république, présidera aux relations extérieures, sans s'immiscer dans l'administration intérieure des États de Sa Majesté la reine. »

Le « sans s'immiscer dans l'administration intérieure des États de Sa Majesté la reine », s'il n'était une coupable et fatale affirmation de la déchéance de la France à Madagascar, donnerait à rire de l'aberration des singuliers diplomates qui sont arrivés à une conception aussi bizarre. Le soleil des tropiques avait sans doute desséché leur cerveau et anéanti la fibre patriotique.

Ce stupéfiant article eût été rédigé par les ministres de la perfide Albion, qu'il n'aurait pas pu dire plus clairement : « A vous Français, le panache ; à nous Anglais, la bête. »

En effet, de par cet article, le gouvernement hova peut refuser et refuse toute concession de terrain et autre à nos nationaux, tandis qu'il les concède avec empressement aux Anglais, aux Allemands et aux Italiens.

Le résident lui-même est exposé, d'après ce fatal article, à être, selon la fantaisie du premier ministre, expulsé de sa demeure, sans qu'il puisse avoir recours aux clauses dudit traité ; car rien dans le traité ne lui garantit un logis quelconque, ni même le droit soit d'en acheter, soit d'en louer, soit d'en construire.

La fallacieuse banque Kingdom, cet autre stratagème machiavélique combiné dans l'officine des méthodistes, destinée à fournir aux Hovas les moyens de nous chasser définitivement de Madagascar et à faire passer l'île entre les mains des banquiers anglais, n'était-elle pas entièrement souscrite il y a quelques jours et prête à fonctionner ?

Cette banque antifrançaise n'était-elle pas, ô honte ! patronnée avec passion en France par un groupe de protestants français ayant fait alliance d'intérêts terrestres et célestes avec les méthodistes anglais?

Cette banque, au capital de vingt millions, devait, d'après des calculs bien établis, en rapporter cinquante de bénéfices à leurs souscripteurs... Bien avisés messieurs les protestants français du groupe Kingdom!

Décidément la France est une bonne vache à lait pour l'étranger et aussi pour ces certains Français dont le ventre s'emplit en France et dont l'esprit se nourrit à Londres de principes fanatiques et antipatriotiques.

On a cédé aux Anglais l'Égypte, éminemment française!

On a cédé aux Anglais la Birmanie, qui depuis 1825 implorait le protectorat de la France!

On a cédé aux Anglais les îles Égréhou, partie intégrante du territoire de la France !

On a cédé aux Anglais la grande île de Madagascar, la France orientale!

A quand la France, l'antique Gaule?

Il ne suffisait pas de conclure un traité conférant au gouvernement hova le pouvoir et le droit de nous expulser de Madagascar, il fallait encore, .

pour compléter la bévue ou l'intention préconçue, que nous prêtions nous-mêmes la main à nous jeter dehors.

Est-ce que notre flotte n'a pas été mise entièrement, naïvement, sottement ou sciemment, au service des Hovas pour transporter des troupes d'un point à un autre, pour agglomérer des soldats dans des forts dont nous serions obligés de nous emparer si un nouveau conflit militaire venait à surgir entre Hovas et Français?

Y a-t-il trahison? y a-t-il vente de consciences? y a-t-il un gage donné aux anglophiles pour soutirer leur vote dans telle circonstance éventuelle vivement caressée?

De vrai, quoi qu'il en soit des suppositions plus ou moins probables ou malsaines, il résulte du scandaleux traité que ce n'est pas la France qui a conquis Madagascar, mais que c'est bien le Hova qui a dompté la France. Déjà, dans sa sauvage autorité, le Hova chasse notre résident général et met la main sur notre flotte.

V.

LE CAS DE NOTRE RÉSIDENT GÉNÉRAL.

Notre résident général à Madagascar, M. le Myre de Villers, est un homme de grande intelligence, d'une énergie éprouvée et de remarquables capacités administratives.

Élevé à la rude école de la vie maritime, où il se fit remarquer comme un brillant officier, il eut la bonne fortune de prendre part à la défense de Paris et d'être cité pour sa bravoure à l'ordre du jour de l'armée.

Peu de temps après la capitulation, il fut obligé, pour raisons de santé, de renoncer à sa carrière si bien commencée, et il donna sa démission d'officier de marine.

Ne voulant pas néanmoins vivre d'une vie inactive sans utilité pour sa chère patrie, il sollicita la faveur d'une sous-préfecture. Sa demande fut agréée avec empressement. De la sous-préfecture il passa rapidement à une préfecture, et de là aux fonctions si importantes et si difficiles de secrétaire général du gouvernement de l'Algérie.

Ses qualités administratives se développèrent à un si haut degré dans cette position, si hérissée de difficultés de toutes sortes, que l'on se plaisait déjà à entrevoir en lui le futur gouverneur civil tant désiré par les colons.

Un changement de gouvernement inattendu dans la métropole vint renverser tant d'espérances légitimes formées sur sa personne. M. le Myre de Villers fut remercié et remplacé. En attendant des jours meilleurs sa retraite se passa dans le calme de la vie de famille.

Un an à peine s'était écoulé depuis sa disgrâce que le ministère du jour lui proposa le gouvernement de la Cochinchine. Il accepta ce poste avec reconnaissance, tout joyeux de pouvoir de nouveau se dévouer au service de la patrie.

Sous son habile administration, la Cochinchine développa ses ressources considérablement, et tout faisait présumer des progrès de plus en plus marqués, lorsque, en dépit des plus importants succès et nonobstant les vœux des colons et des indigènes, un ministre de hasard, connu plus particulièrement pour son irascibilité enfantine et ses emportements quasi hystériques que par ses vertus diplomatiques et sociables, le rappela en France pour rendre compte de sa conduite et le mit en disponibilité.

C'est dans cette situation de disponibilité que le choix du ministre des affaires étrangères se porta sur lui pour le poste épineux de résident général à Madagascar.

Le choix ne pouvait être plus heureux. M. le Myre de Villers, dans les nombreuses et différentes missions qui lui avaient été confiées, s'était toujours montré à la hauteur des situations les plus difficiles.

Bien certainement, si l'habileté administrative, la fermeté de caractère, la décision, les ressources infinies d'un esprit délié et prompt, eussent suffi pour mener à bien la résidence à Madagascar, M. le Myre de Villers remplissait, au delà, toutes ces conditions.

Mais malheureusement toutes ces brillantes qualités, incomprises des Hovas, devaient se trouver paralysées devant la mauvaise foi de leur gouvernement et son inertie calculée.

Ce n'était pas des ressources de cette haute catégorie qu'il fallait combler le résident pour tenir haut et ferme son drapeau. Il eût fallu, seulement et tout simplement, lui confier la force matérielle, brutale, pour appuyer carrément ses revendications. La force matérielle et brutale est le seul argument digne de respect chez la gent hova.

Nos ministres, peu au courant en général des mœurs des nations étrangères, ont fait preuve, en ce qui concerne les choses de Madagascar, d'une ignorance absolue du génie de la race hova.

Le sens moral est inconnu chez ce peuple barbare; le Hova ne se soumet qu'à plus astucieux, rusé et fourbe, et surtout à la force supérieurequi agit sans pitié ni merci.

Chez les Hovas, celui-là qui tient sa parole, qui remplit scrupuleusement ses engagements et qui ne sait pas éluder la foi jurée, est considéré comme pauvre d'esprit, comme un être niais, idiot. Chez les Hovas, la fourberie est habileté, l'honnêteté est duperie.

Non, on n'a pas donné à notre résident les moyens indispensables pour réussir dans sa mission. On ne lui a permis d'employer que ceux qui devaient infailliblement le faire échouer et le déconsidérer aux yeux des Hovas : la moralité, la loyauté, la bonne foi, la franchise, la justice et le respect du traité.

Tant que nous n'aurons pas un corps expéditionnaire prêt à fondre sur Madagascar au moindre oubli des convenances à notre égard, nous
n'obtiendrons jamais autre chose de nos relations
avec les Hovas que d'amères déceptions.

Tant que nous n'inspirerons pas une crainte
salutaire aux Hovas, nous serons un sujet de ri-
sées, de railleries et de mépris de leur part.

Notre résident se trouve à Tananarive dans
la situation la plus critique et la plus perplexe,
faute de ne pouvoir mettre à exécution ses ordres et ses menaces.

Le fait suivant, pris au hasard entre mille autres, fera comprendre au plus incrédule les vices
de la rédaction du traité et l'embarras inextrica-
ble du résident.

Un certain Wilkinson, sujet anglais, menacé
d'expropriation et d'expulsion par le gouvernement hova, a porté sa plainte devant le résident,
en lui demandant protection.

Quelle sera la décision de notre résident en
présence de cette réclamation conforme aux statuts du traité?

Si le résident prend fait et cause pour Wilkinson, le gouvernement hova, se refusant à

reconnaître au résident le droit d'intermédiaire dans ses relations avec les puissances étrangères, ne tiendra aucun compte de la protestation et agira à sa guise ; d'où il résultera le fait de l'annulation de la résidence comme pouvoir effectif, et par conséquent violation du traité par les Hovas.

Si, au contraire, le résident se récuse à intervenir entre Wilkinson et le gouvernement hova, c'est la France elle-même qui rompt le traité de ses propres mains et qui le déclare lettre morte.

En tout cas, mauvaise affaire.

Notre résident, quelle que soit son énergie, quelles que soient les ressources de son intelligence, est voué à l'impuissance, tant que son action morale ne sera pas appuyée par l'action matérielle, car, je le répète, la force morale est de nul effet sur le tempérament hova.

Aboyer, sans pouvoir mordre, n'est pas une situation respectable, ni enviable, ni durable. Or, si longtemps que le résident n'aura pas à sa disposition une force capable d'inspirer la crainte aux Hovas, ses menaces seront vaines et finiront par tourner au ridicule. Comprenant enfin son impuissance, sentant la situation humiliante que lui font les refus successifs infligés à plaisir par le gouvernement hova, il abandonnera son poste pour éviter de tomber dans l'avilissement.

On aura beau lui donner successeurs sur successeurs, ce sera toujours et sans cesse à l'égard de chacun d'eux la même règle de conduite de la part du gouvernement hova. Tous, comme lui, se heurteront contre sa résistance passive, contre la note Patrimonio-Miot, et contre le *non possumus* hova. Tous, sans exception aucune, tomberont dans le même piège et seront roulés de la même façon, jusqu'à ce qu'enfin un ministère, d'humeur moins tolérante que le ministère actuel, sente la moutarde lui monter au nez et plein d'indignation : « Ah ! morbleu, c'est trop fort ! » décide l'expédition souveraine et vengeresse qui portera à Tananarive l'ultimatum *si ne quá non* : ou se soumettre, ou disparaître !

Paris, le 1er octobre 1886.

VI.

LA GARDE DE NOTRE RÉSIDENT GÉNÉRAL.

La garde de notre résident général à Tananarive se compose de trente hommes, pris parmi les soldats de l'infanterie de marine qui occupaient le fort de Tamatave. On les a choisis parmi les plus robustes, les soi-disant acclimatés.

Ces élus, quoique ayant vécu à Tamatave indemnes de toute maladie, n'en ont pas moins emporté à Tananarive les germes morbifiques des fièvres paludéennes.

Le trajet de Tamatave à Tananarive, déjà très pénible par les difficultés de la route, a été rendu plus accablant encore par la privation de nourriture saine, de vin, de vêtements secs et de sommeil; ils sont arrivés à Tananarive harassés et impotents, faisant peine à voir, donnant aux Hovas une triste opinion du soldat français.

Maintenant qu'ils sont installés à Tananarive, comment sont-ils logés? comment sont-ils nourris et soignés? La viande ne leur manque pas, ils en ont en abondance; mais le pain, le vin et les légumes leur font complètement défaut; ils sont condamnés au riz et à l'eau, l'un et l'autre peu nourrissants et encore moins fortifiants.

On comprendra qu'on ne peut pas fournir du pain et du vin aux soldats de la garde, alors que le vin et la farine sont portés à Tananarive à dos d'homme et qu'un marémite, ou porteur, est très chargé avec un poids de cinq kilos, à cause des mille embarras qu'il rencontre sur sa route : traverser des marais et des rivières, monter et descendre de hautes montagnes à pic et à terrain glissant. S'il en est ainsi pour le personnel et pour le matériel ordinaire, à quel prix montera le transport des médicaments, qui demandent des précautions spéciales et minutieuses pour leur conservation?

Nos trente soldats, parvenus à grand'peine à Tananarive et tout exténués de fatigue, mal logés, mal nourris, mal soignés, tomberont rapidement malades.

Que faire d'un soldat malade à Tananarive, qu'aucun soin ne peut ramener à la santé, faute des éléments propres à la guérison? le garder à Tananarive et le laisser s'éteindre peu à peu, à petit feu, ou le renvoyer à Tamatave et de là en France?

Le renvoyer à Tamatave : mais le malheureux sera-t-il en état de supporter les fatigues excessives de la route, lui malade, alors que valide, plein de santé, c'est à peine s'il a pu résister et qu'il n'est parvenu à la capitale que dans un état déplorable ?

Supposons qu'à force de soins et de précautions on puisse le porter vivant encore au pied des montagnes. De ce point de repos à Tamatave, il y a continuellement des marais et des rivières à traverser ; marais et rivières exhalant des odeurs fétides, des miasmes infects ; odeurs et miasmes qui inoculent la fièvre paludéenne à l'homme le plus robuste, le plus sainement constitué. Dans ces conditions, quelle proie facile et sans défense sera le pauvre invalide exposé à tous ces fléaux mortels, à tous ces poisons permanents dans les plaines du littoral de la mer.

Je le crains fort, il n'en reviendra pas un seul dans la mère patrie de ces pauvres malheureux juchés à si grand'peine à Tananarive et descendus avec plus de peine encore et dans un état plus pitoyable encore.

Les choses ne peuvent pas continuer dans cet état, aussi fatal à nos soldats que ruineux pour le

trésor. L'entretien de trente hommes à Tananarive
coûterait plus cher que l'entretien de trente mille
hommes en France.

Le malicieux Hova rit sous cape de tous ces
déboires, dont sa fourberie accroît à plaisir le
nombre et la gravité, il compte beaucoup plus
sur leurs néfastes effets et sur le concours du général « la fièvre » que sur sa propre valeur et sur
l'habileté militaire du fameux Wiloubly et de son
outrecuidant acolyte Chervinton, pour nous dé-
goûter à jamais de Madagascar.

Il n'y a qu'un seul moyen de changer radicale-
ment cette situation intolérable et ridicule, c'est
de faire construire immédiatement, aux frais du
gouvernement hova, deux voies carrossables, ou
mieux deux chemins de fer, du littoral à la capitale, de Tamatave et de Majunga à Tananarive.

Dans le cas où les Hovas prétexteraient d'in-
capacité de leur part d'entreprendre ce travail et
de le mener à bonne fin, enrôlez un millier de Chinois, mettez à leur tête une compagnie du génie
militaire, et dans un mois, deux mois au plus tard,
le chemin de Majunga à Tananarive sera terminé
et livré au public. De Majunga à Tananarive, le
terrain n'offre pas de difficulté sérieuse; il est

presque entièrement de niveau jusqu'au pied du plateau d'Émyrne.

Si les Hovas refusent de construire ces routes, qui doivent mettre leur capitale en relation facile et prompte avec le littoral, c'est que les Hovas refusent d'entrer en relations avec les Européens; ils refusent par cela même les seuls moyens à leur disposition pour progresser en civilisation; ils refusent encore de satisfaire aux clauses du traité, et démontrent qu'ils continuent à nourrir l'intention de chercher par tous les artifices possibles à s'isoler du reste du monde pour pouvoir régner en maîtres absolus et barbares sur les populations de Madagascar.

La situation des Hovas ainsi clairement dévoilée et affirmée, il ne reste plus à la France qu'à en appeler à la force brutale pour vaincre la résistance obstinée de ces sauvages, auxquels on a fait jusqu'à ce jour trop d'honneur en leur accordant l'amnistie pour tous leurs infâmes forfaits commis contre nous-mêmes et contre les braves populations placées sous notre protectorat.

Une nouvelle expédition devient une nécessité inévitable.

VII.

L'INTERPRÈTE.

Un bon interprète, un interprète connaissant à fond deux langues, est un homme rare, un homme précieux entre tous dans un ministère, dans une ambassade, dans un consulat, et aujourd'hui dans une résidence.

Rendre exactement la signification d'une expression d'une langue dans une autre langue, surtout quand on est en présence d'une langue qui n'a pas encore de termes pour exprimer les pensées philosophiques, spiritualistes, scientifiques et artistiques, qui en est réduite aux simples règles du langage rudimentaire de la vie usuelle, des besoins naturels, comporte de la part de l'interprète une extrême sagacité, une étude approfondie des mœurs, des us et coutumes, du génie enfin qui conduit et mène ces peuples primitifs sans sentiments religieux, sans science aucune, sans autres connaissances que les ressources indispensables pour traîner une vie privée de tout le confort et de tout le luxe de la vie civilisée.

Cet interprète admirable, la résidence générale le possède en la personne de son chancelier, M. Campan, neveu de notre ancien consul général, le très honorable et très regretté M. Laborde, qui a vécu toute sa longue vie à Tananarive, au milieu des Hovas.

Le neveu, plus instruit que l'oncle, surpassa en peu de temps le talent de l'oncle dans la connaissance de la langue hova. Il est devenu si habile et si expert dans le maniement de cette langue que les Hovas les plus instruits le considèrent comme bien supérieur au plus instruit d'entre eux, parlant le hova avec une pureté sans égale.

Avec M. Campan pour interprète, le Hova ne peut pas se livrer à ses échappatoires habituelles quand il est embarrassé dans ses réponses. Il est obligé de se soumettre; la phrase est correcte, claire et lucide. Le « je ne comprends pas » est impossible avec M. Campan pour interprète.

Les Hovas doivent considérer un tel interprète, qui leur barre net la fuite et l'escapade, qui annihile leur principal argument dans les moments critiques, qui réduit à néant leur talent incom-

parable en fourberie et en dissimulation, comme
un ennemi des plus pernicieux à leurs vues et à
leurs intérêts.

Aussi apprendrais-je que les Hovas cherchent
à se débarrasser de M. Campan, ce trop gênant
intermédiaire, que cela ne m'étonnerait point. Ils
inventeront calomnies sur calomnies pour lui
nuire dans l'esprit du résident; ils porteront contre lui les accusations les plus fausses pour arriver
à leurs fins.

Ils diront : « M. Campan est notre ennemi;
il ne traduit pas exactement nos paroles et nos
pensées; il vous trompe et il nous trompe; il est
la cause de notre dernière guerre avec la France,
dont nous avons toujours recherché l'amitié
et apprécié les bons sentiments à notre égard.
Prenez un autre interprète; prenez un de nos
jeunes Hovas qui parlent le français. Nous sommes certains alors de nous entendre parfaitement
avec vous, d'être constamment d'accord, car
notre volonté est d'observer le traité et de vivre en
bons termes avec le représentant de la France. »

Alors, un peu par condescendance, un peu
par lassitude, on remerciera l'habile interprète,
l'interprète émérite, et on le remplacera par

quelque petit hobereau hova, baragouinant le français vulgaire, mais incapable de rendre en langue hova le vrai français.

Les Hovas, radieux de cette victoire, feront d'abord quelques légères concessions, pour mieux cacher leur jeu et endormir la vigilance du résident sur leurs coupables intentions. Puis, au bout de quelque temps, on les entendra répéter à satiété leur « je ne comprends pas », d'où le résident, faute d'interprète réel, ne pourra les tirer.

On s'apercevra un peu tard que l'on a été joué par les Hovas. Ces fourbes personnages feront entre eux gorge chaude de leur ruse et de la bonhomie des Français.

Chez les Hovas, comme chez tous les peuples barbares ou à demi civilisés, un interprète indigène ne peut être qu'un interprète infidèle.

Lorsqu'un Européen de rang, un ambassadeur ou un consul, a des reproches à adresser à un chef de ces peuples barbares ou à demi civilisés, l'interprète indigène, par respect pour son seigneur et maître, devant lequel la loi du pays défend de prononcer des paroles autres que des paroles de la plus entière soumission, est obligé de convertir le reproche en un compliment. Si

l'infortuné interprète avait le malheur et l'incon-
venance de traduire littéralement le reproche, il
serait bâtonné jusqu'à extinction de la vie pour
avoir outragé son chef, souverain maître.

Il est donc de la plus haute importance que,
pour un Européen, l'interprète soit Européen et
de sa nationalité. Dans le cas contraire, il est fort
inutile d'entrer en pourparler pour le règlement
d'une affaire, car on n'arrivera jamais à pouvoir
s'entendre, si ce n'est en acceptant la volonté de
l'adversaire.

Nous rentrons alors forcément dans la catégorie de ces plaisants diplomates propres à faire
toujours des traités quand même, en n'importe
quelle circonstance.

Ils accordent toujours tout, et ne demandent
jamais rien.

VIII.

RAÏNILAÏARIVONY.

Raïnilaïarivony, premier ministre de la reine des Hovas, est le vrai type du Hova.

L'astuce, la ruse, la fourberie, la duplicité et l'hypocrisie, en son cerveau, sont autant d'armes diverses dont la nature l'a comblé pour attaquer et vaincre l'ennemi. Il manie ces armes subtiles avec la finesse, la souplesse, la dextérité et l'aplomb du plus habile saltimbanque, qui joue, à la grande stupéfaction du public, avec plusieurs billes à la fois sans jamais en laisser choir une seule.

Jamais pris au dépourvu, il ne dit que ce qu'il veut dire; et quand, par hasard, une question l'embarrasse, il répond imperturbablement, sans laisser paraître le moindre trouble, la phrase consacrée en pareille circonstance : « Je ne comprends pas cela », et il ne vous sera pas possible de le tirer de sa réticence, quelque lucide et claire que soit votre proposition; il attendra pour y répon-

dre monument propice, moment qui pourra
durer une heure, un jour, un mois, une année
même, jusqu'à ce qu'enfin les infinies ressources
de son esprit lui aient suscité une réplique vic-
torieuse.

Pas d'échec possible de sa part avec cette façon
singulière d'éviter et d'esquiver les difficultés
d'une discussion : « Je ne comprends pas. » En
Éthiopie, en pareil cas, l'indigène, surpris dans ses
moyens de controverse, s'écrie tout à coup en
levant les yeux au ciel : « Ah ! pardon, c'est l'heure
de mes dévotions ! « A Madagascar, où les dévotions
ne sont pas encore considérées comme des auxiliaires certains pour sortir indemne d'une mauvaise affaire, on répond tout simplement : « Je ne
comprends pas. »

Raïnilaïarivony est doué d'une grande et fine
intelligence. Cette haute supériorité d'intelligence
sur ses compatriotes, bien dirigée ou même laissée
à sa propre inspiration, aurait pu produire d'heureux résultats pour l'organisation du pays; mais
obligé qu'il a toujours été et qu'il est encore de
ne pas choquer trop ouvertement les mœurs des
siens et de subir en même temps les exigences
immodérées des missionnaires anglais, ses facul-

tés naturelles, tiraillées sans cesse de deux côtés
si opposés, ont été dévoyées et se trouvent aujourd'hui hors de la voie qu'il eût été logique et
raisonnable de suivre pour conduire les Malgaches et les mener à petits pas vers le progrès et la
civilisation. On en est encore aujourd'hui à Madagascar à la loi du caprice pour toute loi.

Complice des Anglais dans le meurtre de Radama II et dans l'assassinat de son propre frère,
auquel il a succédé; monté au premier rang grâce
aux intrigues des Anglais, il est leur esclave; il
ne peut jouir d'aucune indépendance; de sorte
que, au lieu de proclamer des lois adéquates au
caractère et aux mœurs des Malgaches, il décrète
maladroitement et forcément des lois anglaises,
lois qui révoltent les indigènes encore plus que les
Européens fixés dans le pays.

Raïnilaïarivony a parfaitement conscience de
la situation blessante que lui fait la maligne influence anglaise, et il essaie de temps en temps
de secouer ce joug asservissant. Ainsi, en 1872,
comprenant qu'il avait été indignement trompé
par les Anglais sur la situation de la France après
l'année terrible (nos bons amis les Anglais avaient
fait accroire aux Hovas que la France n'existait

plus), il envoya un de ses fils à Paris pour apprendre le français et se rendre compte de l'état de la France, afin de se soustraire dorénavant aux interprètes anglais et à leurs racontars sur la France.

Pendant six ans, à partir de 1872, les conseillers anglais perdirent tout crédit auprès du premier ministre, et les Français établis dans l'île jouirent, durant ce laps de temps, de la plus grande tolérance de la part des autorités hovas, tant pour l'exercice de leur religion que pour la conduite de leurs affaires commerciales et industrielles.

Mais, après ces six belles années si propices à notre influence, la France s'abstenant de profiter des avances que lui faisait le premier ministre et semblant même se désintéresser plus que jamais des choses de Madagascar, les missionnaires anglais, encouragés par leur gouvernement et par un groupe de protestants français, reprirent peu à peu leur funeste ascendant; ils devinrent bientôt tout-puissants, les vexations recommencèrent sur nos compatriotes avec plus de rage que jamais; leur expulsion fut enfin décrétée et exécutée avec tous les raffinements de la plus brutale barbarie. La guerre dernière a été la triste conséquence de notre coupable incurie et du retour de la suprématie anglaise dans le gouvernement de la reine des Hovas.

La situation de Raïnilaïarivony est très perplexe ; il est entre les mains des Anglais, ses complices et ses chiourmes, qui le poussent à la non-exécution du traité, sous peine de subir le châtiment qu'ils avaient infligé à Radama II, coupable à leurs yeux de s'être mis sous la protection de la France.

Radama II fut étranglé, dit la légende, par les mains mêmes du révérend père Ellys, supérieur des méthodistes anglais , les Hovas refusant de commettre ce sacrilège sur leur roi.

Quelque ardent que soit son désir de s'arracher des griffes impitoyables des Anglais, la France ne lui prêtant pas main-forte, ne voyant venir de nulle part son libérateur, Raïnilaïarivony se laisse entraîner par le courant qui le pousse., obéissant sans mot dire à celui plus avisé qui 'étreint sans merci.

Qu'on se garde bien en France de tenter d'une révolution de palais pour le renverser, car on ne réussirait pas et on lui procurerait très maladroitement l'occasion recherchée par lui de prouver, le fer à la main, sa grande supériorité sur son rival.

Raïnilaïarivony, en homme avisé et qui connaît ses gens et la jalousie dont il est l'objet, tient à sa disposition une armée de janissaires, qu'il nourrit et entretient de ses propres deniers; cette petite armée de satellites dévoués est prête à tomber, au premier signe de sa part, sur les partisans de son adversaire et à les massacrer tous sans pitié.

Le seul danger qui menace Raïnilaïarivony dans ses jours et dans sa haute position ne peut provenir que de la mission anglaise, s'il refusait de se soumettre plus longtemps à sa volonté; la mission anglaise, dans le cas d'un abandon de la part de Raïnilaïarivony, soulèverait contre lui, avec les mêmes moyens et avec les mêmes résultats, une révolution semblable à celle qu'elle fomenta contre le malheureux Radama II, au cri de trahison : « Radama livre le pays à l'étranger! »

Si le gouvernement français avait compris la situation délicate de Raïnilaïarivony et son vif désir de se débarrasser des obsessions dont il était l'objet de la part des Anglais, il eût porté tous

ses efforts à faire subir un éclatant échec militaire
en rase campagne aux troupes de la reine. A la
suite d'une déroute complète, Raïnilaïarivony
aurait dit au peuple hova avec empressement :
« Vous voyez, nous ne pouvons pas résister aux
Français; nous sommes obligés de nous rendre et
d'accepter leurs conditions de paix sous peine de
tout perdre. » Mais, malédiction des malédictions,
c'est nous Français qui subissons la défaite militaire et qui implorons aussitôt la paix ! Jamais
humiliation plus blessante ne pouvait nous être
infligée !

Notre victoire eût été une délivrance pour
Raïnilaïarivony, qui n'a jamais éprouvé de sympathie pour les Anglais et qui préférerait certainement la prépondérance française à la prépondérance anglaise. Il ne se dissimule pas combien
l'intervention anglaise est égoïste, absorbante et
destructive de tout ce qui est étranger à son élé-
ment; il reconnaît volontiers que la race française, au contraire de l'anglaise, transforme
avantageusement la race indigène et la vivifie
dans les meilleures conditions.

Quant au traité, Raïnilaïarivony, bon gré mal
gré, s'il ne veut pas perdre sa réputation de diplo-

mate habile et d'homme intelligent, s'il ne veut
être accusé de trahison et s'exposer à tomber du
pouvoir par l'assassinat, à l'exemple de Radama II,
est contraint de tenter tous les moyens les plus
astucieux de parvenir à en violer les statuts ou
d'en différer au moins l'exécution le plus longtemps possible, pour se conformer à l'habitude
hova dans toute convention.

La coutume hova et le mépris que tout Hova
affiche pour les Français : « Qu'est-ce que c'est que
ça, un Français? » ne permettent pas au premier
ministre, en dehors de toute autre considération,
de tenir les promesses faites aux Français, tant
que la force matérielle n'est pas là pour l'y con-
traindre. N'ayant pas à craindre la force, le Hova
ne se considère pas comme engagé à observer la
chose convenue; du reste, une convention n'est
acceptée par lui que dans l'espoir de pouvoir y
faire défaut, si c'est son avantage, au moyen
d'expédients de toute nature.

Malgré sa meilleure volonté, en supposant
même qu'il ait réellement le plus vif désir d'observer le traité, Raïnilaïarivony est mis, par l'u-
sage du pays, dans l'impossibilité de l'exécuter,
s'il n'y est contraint par la force matérielle.

Et, en outre des obstacles tenant au génie particulier de la race hova, Raïnilaïarivony, ainsi que
tous les autres chefs, craint surtout, comme conséquence du protectorat français, l'établissement
de la république à Madagascar. Or, le gouvernement des Hovas étant un gouvernement oligar-
chique, la proclamation de la république entraî-
nerait naturellement la perte des privilèges de la
noblesse. Cette crainte est hypocritement ex-
ploitée par les missionnaires anglais pour entretenir la défiance contre nous et pour s'insinuer
de plus en plus dans leur intimité sans restriction.

Tous ces actes, tous ces subterfuges, toutes ces
craintes, toutes ces hostilités, toutes ces intrigues,
sont la preuve péremptoire de la nécessité d'une
nouvelle expédition, cette fois-ci sérieuse; il nous
faut la victoire sur le plateau de Tananarive,
si nous voulons réellement en finir une fois
pour toutes avec la question séculaire de Madagascar.

A la seule condition d'être vaincu, les armes à
la main, sur le champ de bataille des plaines
d'Émyrne, Raïnilaïarivony pourra se déclarer
ouvertement, sans forfaire aux us et coutumes

hovas, l'ami, l'allié et le serviteur de la France.

Toute autre politique est du temps perdu, de l'argent perdu et des hommes sacrifiés sans bénéfice aucun.

IX.

AVENIR DE LA RACE HOVA.

Je ne puis comprendre le pourquoi de la réserve et du respect avec lesquels la France traite la race hova, race inférieure, absolument inférieure ; alors que l'on admet généralement que les races inférieures sont fatalement condamnées à disparaître devant les races supérieures, soit par les maladies et le manque de soins, soit par l'ivrognerie et les excès de toutes sortes, soit par la destruction brutale, soit par la substitution au moyen de l'amalgamation avec les races supérieures.

Il est certain que, partout où la race européenne s'établit et prospère, la race primitive s'étiole et disparaît.

Du reste, toutes les races inférieures : les Malgaches ; les Hovas plus particulièrement ; les Océaniens ; les Tagales ; les Fidgiens ; les Calédoniens, les Guinéens et les Australiens, semblent avoir le pressentiment de la disparition de leur race dans un avenir prochain. Les femmes, parmi ces diverses populations, non seulement accordent avec empressement leurs faveurs aux étrangers, mais encore recherchent avec passion leur coopération paternelle.

Il est même des contrées où la plus grande politesse qu'un étranger puisse faire à un mari, en allant lui rendre visite dans sa case, consiste à aller, aussitôt entré, prendre place sur la couche conjugale à côté de la femme. Le mari, fort honoré de cette attention, se retire discrètement, et tout joyeux s'en va cueillir les fruits les plus savoureux, afin de pouvoir en régaler son charitable coadjuteur, exercer dignement les devoirs de l'hospitalité et manifester sa vive reconnaissance à l'étranger pour l'insigne honneur qu'il lui a fait et pour la prospérité qu'il a apportée dans son ménage.

A Madagascar, lorsqu'un Européen veut bien consentir à honorer une jeune fille de ses faveurs, la mère sort dans la rue, ou s'avance jusqu'à la place publique, et annonce avec orgueil, à haute voix, que sa fille est bien heureuse, et qu'elle repose en ce moment dans les bras d'un étranger. La foule applaudit; elle reste ensuite silencieuse dans l'attente du miracle. Lorsque le sacrifice est accompli, si alors la jeune fille apparaît radieuse, la foule applaudit de nouveau et la félicite chaleureusement sur son bonheur et sur l'honneur qu'elle a reçu.

La population hova, au lieu d'augmenter, diminue avec une rapidité extraordinaire, en même temps qu'elle dégénère, par suite des effets de son immoralité, de l'abus des liqueurs alcooliques et de son abandon sans retenue aux vices les plus honteux.

Peu d'années encore lui restent à vivre, tant elle est gangrenée. Elle ne peut tarder à subir le sort des indigènes de l'Océanie et de l'Australie. Comment, en effet, résisterait-elle, elle, race chétive, malingre, corrompue à l'excès, pourrie au physique et au moral, alors que la race océanienne, forte, énergique, saine, intelligente, crâne et profil caucasiens, membres robustes et bien proportionnés, a succombé au contact de la civilisation européenne ?

Ainsi, à la Nouvelle-Zélande, depuis soixante-cinq ans que les Anglais y sont établis en maîtres, la population indigène, qui comptait deux cent mille âmes à leur arrivée, se trouve réduite aujourd'hui au faible nombre de vingt mille.

Aux îles Sandwich, le peu de Hawaïens qui subsistent encore ont leurs jours comptés. Dans trente ans, il n'en existera plus un seul.

Les innombrables petites îles de l'archipel océanien seront, comme leurs grandes sœurs, Nouvelle-Zélande et Hawaï, soumises au même fléau destructeur, à la même dépopulation dès que l'Européen élira domicile sur leur sol.

Quant aux îles habitées par les races noires, presque similaires à la race hova, et qui sont la Guinée, la Calédonie, les Hébrides, les Fidgis, Gilolo, la Tasmanie et l'Australie, la disparition de la population aborigène subit une marche bien plus rapide que dans les îles de l'Océanie dont les habitants appartiennent à la race cuivrée, éminemment supérieure à la race noire.

En Tasmanie, depuis de nombreuses années, les aborigènes ont entièrement disparu.

En Australie, ce grand continent, on ne rencontre plus que quelques rares spécimens de la race autochtone, au milieu du désert, dans l'intérieur des terres, à l'abri de toute communication avec les Anglais.

Aux îles Fidgi, que les Anglais occupent depuis

seulement une vingtaine d'années, la population est déjà réduite des trois quarts.

Les causes de la dépopulation en Océanie, comme à Madagascar, sont de plusieurs sortes : la débauche parmi les deux sexes; les maladies vénériennes; la phtisie; la variole; le typhus; la famine, et l'abus immodéré des liqueurs alcooliques.

Ensuite, et pour compléter la série des calamités qui affligent ces malheureuses populations, la licence de mœurs la plus effrénée et la promiscuité la plus éhontée règnent sans frein parmi les jeunes femmes dès leur plus tendre adolescence : « Amuse-toi, ma fille, dit la mère, pendant que tu es jeune, car lorsque tu seras vieille, aucun homme ne voudra de toi. »

Il est peu d'hommes et de femmes chez les Hovas qui ne soient atteints de maladies syphilitiques. Leur sang vicié se transmet aux enfants, dont la plus grande partie meurt en naissant.

Ces populations, à l'exception de quelques infiniment rares sujets, n'ont pris de la civilisation européenne que les vices et les défauts. A leurs nombreux vices les indigènes ont ajouté les vices

plus nombreux encore des envahisseurs. Les envahisseurs, de leur côté, surtout les Anglais, n'ont
vu dans les indigènes que de pauvres hères à ex-
ploiter, à dépouiller et à massacrer au besoin
pour s'approprier leur terre.

A ces diverses causes meurtrières d'ordre in-
férieur, purement matériel, il faut ajouter encore
les désastres causés à leurs cerveaux à l'état rudimentaire, à peine ébauchés pour la conception
simple, les désastres provenant des efforts inouïs
faits par eux pour tâcher d'ingérer et de digérer
la science des civilisés, dont le cerveau, quoique
modifié peu à peu et prédisposé par vingt siècles
d'entraînement, peut à peine résister sans danger
aux fatigues des conceptions d'un ordre supérieur.

En outre, si ces peuples primitifs ont le cerveau impuissant à digérer la nourriture spirituelle
des civilisés, il en est de même de leurs estomacs
et de leurs entrailles quant à la nourriture subs-
tantielle, que, malheureusement encore pour leur
santé, ils engouffrent avec une telle voracité que
le défaut de mastication en rend la digestion in-
complète et souvent mortelle.

Toutes les races inférieures, et la race hova

plus rapidement que les autres, car sa constitution est bien plus faible et surtout plus détériorée par ses nombreux vices, succomberont irrévocablement à ce labeur trop lourd, trop indigeste pour leurs cerveaux et leurs entrailles. La disparition de plusieurs d'entre elles montre le chemin que prendront les autres dans un temps plus ou moins éloigné, mais néanmoins fatal.

Donc, compter sur les aptitudes de la race hova pour conduire les Malgaches à la civilisation, c'est compter sur le vice pour moraliser et sur le moribond pour conduire les valides au cimetière.

Ce qu'il faut à Madagascar pour donner la vie à cet immense et riche pays et pour l'arracher définitivement à la barbarie dans laquelle il est retenu systématiquement par les Hovas, ce qu'il faut, c'est prendre résolument la place de cette peuplade néfaste qui nous barre le chemin depuis trop longtemps.

D'ailleurs, la race hova, placée sous la domination française, jouira d'une durée beaucoup plus grande que si elle tombait sous la dépendance anglaise, car le contact de l'Anglais est bien plus funeste aux races primitives que le contact du Français.

Au point de vue de l'humanité, il est donc préférable que Madagascar devienne colonie française et évite la domination anglaise.

Il est prouvé, en effet, que la dépopulation des îles de l'Océanie qui sont sous la tutelle française est moindre que celle des îles soumises au joug anglais.

Les protestants français, alliés aux méthodistes anglais pour empêcher la France d'occuper Madagascar et pour livrer cet admirable pays à l'Angleterre, font œuvre aussi inconsciente et aussi inhumaine qu'antipatriotique dans leur zèle aveugle de secte religieuse.

La race hova est destinée fatalement à disparaître, comme ont disparu les races plus fortes et plus vigoureuses qu'elle de l'Océanie. Mais comme elle serait préservée plus longtemps de l'extinction en se soumettant au protectorat de la France qu'en acceptant le joug de l'Angleterre, il serait évidemment de l'intérêt des Hovas d'attirer les Français à eux, au lieu de les repousser.

Nous espérons que le bon sens et l'esprit de

préservation finiront par prédominer à Madagascar et en France. Espérons que les Hovas, revenus à des sentiments plus justes, considéreront dorénavant les Français comme des sauveurs et que les Français ne reculeront pas devant leurs devoirs humanitaires.

X.

SAKALAVES ET ANTANKARS.

Les Sakalaves habitent la partie occidentale de Madagascar comprise entre le pied de la montagne centrale et la mer, et s'étendant depuis la baie de Saint-Augustin jusqu'à la rivière Sambéranou dans la baie de Passandava.

Les Antankars sont établis dans la partie nord de l'île. Leur pays est borné au sud par le pays des Sakalaves, des Antscianacs et des Betsimitsaras. La ligne de séparation part de l'embouchure de la rivière Sambéranou et va aboutir en droite ligne au cap Bellone. Du cap Bellone au cap Angotsi, les Antankars se trouvent mêlés aux Antavars, avec lesquels ils vivent en bonne intelligence.

Depuis les conquêtes de Radama Ier et les massacres ordonnés par Ranavalou, la population des Sakalaves et des Antankars a beaucoup diminué. L'émigration a contribué beaucoup également à cette diminution.

Les Sakalaves, réunis autrefois contre l'ennemi commun, ayant à leur tête le redoutable Ramitrah, chef du Ménabé, contre-balancèrent long-temps la puissance des Hovas; ils seraient parvenus à la dominer et à l'écraser, sans la trahison de Radama et la fin tragique de Ramitrah.

Ramitrah, attaqué par l'armée de Radama, descendue dans les plaines du Ménabé au nombre de trente mille hommes, détruisit entièrement cette nombreuse armée. Peu de Hovas eurent la fortune de retourner à Émyrne.

Radama désespéré sollicita la paix et l'obtint. Homme sans scrupule, sans conscience, ni foi, ni loi, se voyant dans l'impossibilité de vaincre Ramitrah par les armes, il résolut d'en venir à bout par la trahison et l'assassinat.

Vaincu, il osa demander en mariage la fille de son vainqueur, la belle Rosalima, disant qu'il désirait par cette alliance cimenter définitivement la paix entre les deux peuples. Le mariage et le traité de paix conclus, Radama laissa auprès de Ramitrah ses principaux confidents en otage, comme preuve de la sincérité de ses sentiments d'amitié.

Ces confidents et favoris dévoués avaient pour

4.

mission de capter la confiance de Ramitrah, de le faire tomber dans un piège et de l'assassiner. Ce complot réussit à merveille, et la tête de Ramitrah fut portée en triomphe à Tananarive et présentée à Radama.

Radama ne put contenir sa joie et sa rage à la vue de la tête de celui qui l'avait vaincu sur le champ de bataille. Il se livra sur elle à tous les outrages les plus barbares et les plus insensés; la souffletant, lui crachant à la figure et la jetant ensuite en pâture aux pourceaux.

Ramitrah, le puissant chef du Ménabé, n'étant plus, ses partisans, pris de frayeur, se dispersèrent et la division se mit parmi les Sakalaves. La panique fut générale, et, désunis dès lors, les divers groupes devinrent en peu de temps la proie facile des féroces Hovas, qui massacrèrent impitoyablement femmes, enfants, vieillards, et ravagèrent le pays.

Pour fuir la vengeance des Hovas et se mettre à l'abri de leur cruauté, les survivants se réfugièrent dans les bois et dans les marais, où la plus grande partie trouva une mort prompte, occasionnée par la famine et les miasmes paludéens. Quelques-uns purent émigrer à Nossi-bé et à Mayotte.

Les Antankars, malgré des prodiges de valeur et une résistance qui coûta cher aux Hovas, succombèrent aussi à leur tour et se virent contraints d'aller chercher un refuge à Nossi-bé et sur les îles avoisinantes.

C'est à la nouvelle du massacre de ces intéressantes populations, et pour sauver le plus possible de victimes de la fureur des Hovas, que le gouverneur de l'île de la Réunion fit prendre possession de Nossi-bé et de Mayotte.

Sous la protection de notre drapeau, plus de vingt-cinq mille Antankars et Sakalaves trouvèrent asile dans l'île de Nossi-bé, à l'abri des incursions et des attaques des Hovas.

Ces infortunés vivaient heureux dans l'île, et auraient pu dans la suite former un auxiliaire précieux pour nos troupes dans le cas d'une expédition de la France contre les Hovas, lorsque le gouvernement prit la regrettable détermination de concéder des terres aux Européens pour la culture du café et de la canne à sucre.

Les réfugiés se voyant, par suite de ces concessions, privés du terrain nécessaire à la plantation de la quantité de riz indispensable pour leur nourriture, et craignant la famine, profitèrent

d'une amnistie accordée par les Hovas pour retourner à la grande terre. Ils abandonnèrent
ainsi leurs amis, qui les condamnaient à mourir
de faim, et se réfugièrent chez leurs ennemis, qui
leur offraient une abondante nourriture.

Les rôles étaient renversés. L'adroite politique
des Hovas nous enlevait nos auxiliaires pour se
les attacher. Nossi-bé n'était plus une menace
pour les Hovas. Effet inévitable et fatal des va-
riations, du jour au lendemain, de la politique
française, qui manque de traditions et de but
fixe. Aujourd'hui la protection, demain l'abandon.

Connaissant l'héroïque résistance que les Sakalaves et les Antankars firent jadis aux Hovas de
l'ambitieux Radama et de la sanguinaire Ranavalou, j'ai été fortement surpris en lisant les accusations injurieuses portées contre eux devant
les membres de la commission d'enquête de Madagascar.

Les Sakalaves et les Antankars sont dépeints
comme indolents, paresseux, insouciants et inca-
pables de développer la plus faible énergie : ce
serait un mécompte de fonder des espérances sur
leur concours dans le cas d'une expédition contre
les Hovas.

De pareilles accusations sont erronées et regrettables. Elles dénotent que leurs auteurs ne
connaissent pas l'épopée des luttes des Antankars
et des Sakalaves contre les Hovas, luttes soute-
nues souvent avec avantage et toujours avec une
énergie fatale au vainqueur. L'histoire des Sakalaves et des Antankars par l'amiral Guillain et
les rapports du commandant Gouhot, gouverneur
de Nossi-bé, représentent ces populations comme
extrêmement batailleuses et guerrières.

Le regretté commandant Gouhot avait proposé
au gouvernement d'alors d'aller en promenade à
Tananarive et de mettre les Hovas à la raison, à
la tête de trois cents soldats européens et de
cinq mille Sakalaves et Antankars qui s'offraient
à lui fermes et résolus.

Le commandant, brave et intelligent militaire,
aurait certainement réussi dans son hardi projet
s'il avait reçu carte blanche pour agir; mais malheureusement le gouvernement, toujours timoré,
toujours préoccupé de ne pas déplaire à l'Angleterre, ne voulut point consentir à l'exécution de
ses plans. Le commandant Gouhot fut rappelé en
France et désavoué.

On peut m'objecter que les Sakalaves d'aujourd'hui ne possèdent pas les vertus et le feu sacré de leurs pères du temps de Ramitrah. C'est une erreur.

La compagnie sakalave formée à Amboudima-dirou par le commandant Hennequin ne le cédait en rien à nos braves soldats pour la discipline, le courage et l'ardeur au feu. Ils ont prouvé en diverses occasions contre l'ennemi ce que l'on pouvait attendre d'eux.

D'autre part, le commandant de Vohémart n'a eu qu'à se féliciter du concours des Sakalaves dans l'attaque et la prise du fort d'Ambohitsména.

Ces deux exemples sont une preuve irréfutable de la valeur et de l'intrépidité des Sakalaves et des Antankars d'aujourd'hui.

Pour connaître un peuple et porter un sûr jugement sur son compte, il faut l'étudier dans le passé comme dans le présent, apprendre sa langue, vivre chez lui longtemps, savoir lui inspirer confiance et l'interroger avec discrétion.

Les Sakalaves et les Antankars ont été mal jugés par les auteurs des accusations calomnieuses émises contre eux devant la commission et rendues malheureusement publiques. C'est sur des apparences trompeuses et avec des préventions légèrement acceptées que ces jugements ont été portés. Une étude consciencieuse et plus approfondie aurait certainement modifié leurs opinions.

Oui, les Antankars et les Sakalaves feront de bons soldats entre les mains d'officiers sachant les comprendre et les diriger sans les froisser; sachant parler à leur cœur et exalter leurs sentiments de vengeance contre leurs ennemis mortels, les Hovas; sachant leur inspirer confiance.

Cette confiance, sans laquelle tous les efforts échoueront, sera très difficilement inspirée; car, si le gouvernement change souvent de politique, les officiers changent aussi souvent de résidence et d'emploi. — La confiance ne se donne qu'à la permanence, à Madagascar comme en France.

Les changements de la politique française à Madagascar ont été si fréquents, et bien des fois en si complète contradiction les uns avec les autres, que les indigènes ont fini par nous retirer toute confiance. Nous passons à leurs yeux pour ne guère savoir ce que nous voulons en réalité.

Notre versatilité et notre légèreté les ont rendus très défiants à notre égard; aussi n'osent-ils pas se livrer à nous quand nous leur parlons de bonne foi. Ils se tiennent dans la plus grande réserve.

C'est sans doute à cette réserve qu'il faut attri-buer l'opinion défavorable exprimée contre eux devant la commission.

En somme, ne leur avons-nous pas promis cent fois notre protection contre les Hovas? et cette protection, l'avons-nous exercée jamais? Non! Vous les avez attirés à Nossi-bé, et puis vous les en avez chassés; de telle sorte qu'aujourd'hui ce sont leurs ennemis qui les protègent contre leurs amis.

Et vous voulez qu'à présent, dans notre querelle contre les Hovas, ils se joignent à vous, qui les avez affamés et abandonnés, contre les Hovas, qui leur ont donné asile et vivres en abondance? Mais, en vérité, malgré leur vieille haine non encore assoupie contre leurs oppresseurs séculaires, ils ont bien sujet, vous avouerez, de se demander qui vous êtes enfin et ce à quoi vous prétendez en venir, et si par hasard vous n'êtes pas d'accord avec les Hovas pour les attirer dans un piège et les massacrer tous sans exception.

Si, dans le traité, au lieu de livrer si étourdi-ment et si iniquement les Sakalaves et les Antankars aux Hovas, vous aviez inscrit cette restriction : « Nous gardons les Sakalaves et les Antankars sous

notre protection et sous notre direction gouver-
nementale jusqu'au jour où les Hovas auront
prouvé par leur conduite qu'ils ont oublié leurs
haines et leurs ressentiments anciens, » vous auriez
ainsi constitué à Madagascar un second État très
puissant au moyen duquel vous auriez maintenu
en respect l'État hova, et vous vous seriez épargné
les humiliations que vous êtes obligés de subir,
faute de pouvoir en tirer vengeance.

Quelqu'un a dit : « Le Tonkin a été fatal au
ministère Ferry ; Madagascar sera fatal au ministère Freycinet. » Aussitôt les amis imprudents
d'inventer succès sur succès à Tananarive et d'en
répandre la nouvelle dans le public, dans les co-
lonnes des journaux officieux et dévoués, ne s'a-
percevant pas que leur basse flatterie portait atteinte à l'honorabilité de notre résident général et
sapait la position du président du conseil, au lieu
de la consolider.

Il n'existe pas encore de ligne télégraphique de
Tananarive à Majunga, port de mer le plus rap-
proché ; il n'existe pas non plus de télégraphe
sous-marin de Majunga à Zanzibar : or de Tananarive à Majunga il faut huit jours au courrier
le plus rapide, et à peu près autant de Majunga à

Zanzibar; ce qui porte à quinze jours environ le temps nécessaire à une dépêche expédiée de Tananarive pour arriver à Paris dans les meilleures conditions de rapidité. Il faudrait, en outre, qu'il y eût en permanence à Majunga un navire sous vapeur pour porter immédiatement la dépêche à Zanzibar; ce qui nécessiterait une dizaine de bâtiments en bon état. Il ne peut donc pas arriver chaque jour en France des nouvelles de Tananarive.

Ce stratagème est indigne du caractère du président du conseil et très préjudiciable à sa politique et à sa position. La chambre, outragée de l'impudeur de ces télégrammes journaliers, serait en droit d'accuser l'honorable ministre de les avoir sollicités de la complaisance de compères salariés pour les besoins de sa cause.

Mais revenons à nos Sakalaves et Antankars, abandonnés si imprudemment et si cyniquement, et essayons de les ramener à nous pour la nouvelle expédition, en leur prouvant par des préparatifs sérieux que cette nouvelle tentative sera la bonne et la dernière. Constatons aussi par des résultats qu'ils ne sont pas ce que des voyageurs trop pressés de porter un jugement ont prétendu qu'ils étaient.

Vous connaissez le parti qu'ont su tirer de ces populations les commandants d'Amboudima-dirou et de Vohémart. Eh bien, confiez le gouvernement de Nossi-bé à l'un de ces deux vaillants et intelligents officiers, avec la mission de former un régiment de Sakalaves et d'Antankars, et vous pourrez juger alors en connaissance de cause, au bout de six mois, de ce que seront devenus ceux-là que vous avez déclarés être un peuple de paresseux, d'insouciants et de lâches.

Au bout de six mois, vous aurez un régiment qui ne le cédera en discipline, en courage et en bravoure à aucun régiment de la mère patrie.

XI.

ANTALOTSIS.

Les Antalotsis sont les descendants métis des Arabes qui émigrèrent de la Mecque après la mort de Mahomet, à la suite des troubles qui eurent lieu pour la succession du grand prophète.

Ils sont répandus sur la côte du Zanguebar, depuis Mozambique jusqu'au cap Guardafui, où ils servent d'intermédiaires entre les étrangers et les indigènes. Ils forment la population principale des îles Comores : Angazilla, Mohéli, Anjouan, Mayotte. Ils se livrent en général au commerce. Quelques-uns d'entre eux sont ouvriers en métaux.

Depuis que la France occupe Nossi-bé, de nombreux Antalotsis sont venus s'y établir et y ont bâti la ville d'Ambanourou, au pied du mont Lucoubé.

On trouve également des Antalotsis sur toute la partie habitée du littoral de la côte occidentale de Madagascar, depuis le cap d'Ambre jusqu'à la baie de Saint-Augustin.

Ces Antalotsis, encore plus dissimulés et plus fourbes que les Hovas, ce qui n'est pas peu dire, sont très intelligents ; aussi parviennent-ils facilement à accaparer la confiance des populations indigènes, populations naïves et simples.

Tout chef de village, Antankar ou Sakalave, a auprès de lui un Antalotsi qui lui sert d'interprète, de confident et d'homme d'affaires. Rien dans le village ne se décide que d'après le conseil de l'Antalotsi, de sorte que c'est l'Antalotsi qui règne en réalité sous le nom du chef.

Ces Antalotsis mettent très habilement en pratique, pour se rendre indispensables, la célèbre devise : « Diviser pour régner » ; ils entretiennent sans cesse des dissentiments, des jalousies et des querelles entre les chefs voisins. Ceux-ci, peu clairvoyants dans leurs propres intérêts, obéissant aveuglément aux suggestions de leurs conseillers, envahissent les terres les uns des autres, incendient les villages, massacrent les habitants qui n'ont pu fuir, et, chargés d'un riche butin, s'en retournent dans leurs foyers, emmenant avec eux les troupeaux et les esclaves du vaincu.

Ces mêmes Antalotsis, qui jouissent de toute la confiance des chefs auprès desquels ils vivent, servent d'espions au gouvernement hova. Ils informent le gouvernement de tout ce qui se passe dans le village du chef, des sentiments et des projets de celui-ci, de la quantité d'armes dont il dispose, de sa fortune et du moment propice pour l'attaquer, faire une battue dans le pays, s'emparer de la récolte, des troupeaux et des esclaves.

Ce sont ces Antalotsis qui ont le plus contribué par leur perfidie à la désunion des Sakalaves entre eux, après la mort du redoutable Ramitrah. Le gouvernement hova ne pouvait pas trouver de plus habiles auxiliaires de leur barbare tactique que ces roués Antalotsis, coquins de la pire espèce.

En outre du commerce lucratif d'espionnage pour le compte des Hovas, l'Antalotsi, être sans scrupule, emploie sa sagacité à toutes sortes de métiers, même les plus déshonorants, même les plus honteux. Il s'occupe aussi de la conversion des indigènes à la religion mahométane, et, à l'occasion, du trafic d'esclaves. Pour le nez de l'Antalotsi, l'argent, de quelque part qu'il vienne, ne sent jamais mauvais.

Ces Antalotsis, gibier de potence, nous sont très hostiles, parce que notre présence les gêne dans leurs trafics malhonnêtes. Aussi n'épargnent-ils aucune calomnie pour indisposer les populations contre nous et surtout pour les empêcher d'entrer en relations directes avec nous, en leur inspirant de la défiance à nos paroles et nous représentant comme ayant l'intention de les réduire en esclavage. Dans certaines localités, les indigènes s'enfuient à la vue de l'Européen, tandis que l'Antalotsi qui dirige leur conscience s'approche cauteleusement et offre ses services avec empressement et servilité.

Les Antalotsis, je le répète, sont les agents des Hovas les plus pernicieux à notre influence; ce sont eux qui répandent, en les amplifiant, parmi les Sakalaves et les Antankars, les calomnies inventées contre nous par les Anglais. Dans le cas d'une expédition sérieuse, la première précaution à prendre par le chef de l'expédition sera de signifier à tout Antalotsi d'avoir à quitter l'île sur-le-champ, sous peine d'être fusillé.

XII.

MISSIONNAIRES FRANÇAIS ET ANGLAIS.

Les missionnaires français enseignent la religion catholique, et les missionnaires anglais prêchent.la religion protestante.

Il existe entre les missionnaires catholiques et les missionnaires protestants une grande rivalité, qui aboutit souvent à des paroles et à des actes peu en rapport avec les doctrines religieuses, surtout de la part des Anglais.

Les missionnaires français, rendant à César ce qui est à César, restent étrangers aux affaires politiques et temporelles du pays; ils n'ont d'autre ambition que celle de recruter des néophytes et de sauver des âmes.

Les missionnaires anglais, au contraire, ont pour but principal de s'immiscer dans les affaires du pays et de parvenir à les diriger à leur guise et dans leur intérêt particulier. S'enrichir est leur suprême convoitise. La religion leur sert de tremplin pour attirer les dupes. Ils font argent de tout, trafiquant de la religion comme d'autres trafiquent de calicot ou d'allumettes.

Leur ex-supérieur, le peu révérend père Ellys, s'est retiré des affaires spirituelles et temporelles de Madagascar en emportant dans ses caisses la respectable somme de un million cinq cent mille francs, fruit de son commerce de caoutchouc et d'orseille, ainsi que de sa participation au meurtre de Radama II.

Le successeur du père Ellys, aussi peu révérend que lui-même, tout aussi avide, mais non aussi habile, n'est parvenu, malgré des tentatives variées sur divers sujets, qu'à encoffrer la modeste somme de vingt-cinq mille francs. Il en demandait cent cinquante mille. Il n'a vraiment pas eu de chance, le père Shaw, l'empoisonneur de nos soldats à Tamatave, l'espion des Hovas. Ce sera pourtant, ce me semble, un assez joli stimulant que la petite somme rondelette de vingt-cinq mille francs pour les pères méthodistes, lors de la prochaine expédition.

La mission anglaise jouit annuellement d'une subvention de près de deux cent mille francs, qui lui est allouée par la société de la Bible d'Angleterre. C'est, ma foi, un fort beau denier pour

subvenir aux besoins des pères, allécher les pro-
fanes et faire des prosélytes. Les missionnaires de
la pudique nation anglaise, à l'exemple des
généraux de son armée, savent à merveille faire
emploi des arguments sonnants pour vaincre l'ennemi.

Pour chaque nouveau néophyte, il revient au
missionnaire convertisseur un tant pour cent sur
la somme employée à inculquer à l'indigène la
foi protestante. C'est le procédé en usage à l'égard
des navires armés pour la répression de la traite
des noirs. Pour chaque noir délivré des mains des
négriers arabes et livré aux griffes des colons
anglais, le gouvernement accorde une livre ster-
ling.

La mission anglaise, comme conséquence de son
riche armement contre les païens, est devenue
toute-puissante à la cour de la reine des Hovas.
Malheur à qui s'aventurerait à essayer de con-
trecarrer ses projets et d'entraver son œuvre.
La mort serait son châtiment. Radama II paya
de la vie son dévouement à la France et son mépris pour l'alliance anglaise.

Il me revient à la mémoire avoir entendu dire
par un historien politique que la Providence sem-

blait agir de concert avec l'Angleterre, car partout où un homme faisait obstacle aux desseins de son gouvernement, cet homme était condamné à disparaître, et il disparaissait en effet.

La haine et la rage de la mission anglaise est portée à un tel point contre la France et ses missionnaires que, en 1870, après nos désastres, les Anglais avaient poussé la démence jusqu'à répandre le bruit à Madagascar que la France n'existait plus, que les Prussiens l'avaient anéantie. Ils conseillèrent même aux Hovas de profiter de l'occasion pour se débarrasser une fois pour toutes des Français qui se trouvaient dans l'île et pour prohiber la religion catholique.

L'acte suivit de près l'ignominieux conseil. Les Hovas procédèrent immédiatement à la démolition des églises catholiques; ils faisaient fouetter les indigènes catholiques pour les obliger à aller aux temples protestants; nos pauvres missionnaires eurent à supporter des avanies de toutes sortes; les Français établis dans l'île durent subir les vexations les plus éhontées, tant pour l'exercice de leur commerce et de leur industrie que pour la sauvegarde de leurs personnes. Toute justice était suspendue pour nos missionnaires, pour nos compatriotes et pour les indigènes catholiques.

Aujourd'hui la mauvaise volonté du premier ministre pour l'exécution du traité est entretenue et surexcitée par les pères protestants, qui ne peuvent se consoler de voir Madagascar échapper à leur domination et à leur exploitation.

Chose incroyable entre toutes, tant elle est antipatriotique, les missionnaires anglais sont encouragés à organiser la résistance des Hovas à l'accomplissement des clauses du traité par un groupe de protestants français, à la tête duquel se trouve, dit-on, un officier général. Par esprit de religion, faisant abstraction de la patrie, ces protestants français tentent de tous les moyens en leur pouvoir pour empêcher la France de s'emparer de Madagascar et pour aider l'Angleterre à s'y implanter, alléguant que, si la France prend possession de l'île, les habitants en seront catholiques ou libres penseurs, tandis que, si, au contraire, l'Angleterre en est maîtresse, ils seront protestants, sacrifiant ainsi sans vergogne la patrie à la religion.

L'esprit d'antagonisme de religion à religion des temps du moyen âge semble revivre, en ces jours de science et de liberté de conscience, semble revivre, dis-je, parmi les sectaires du protestantisme, plus vivace et plus fanatique que jamais. Cette horde méprisable, sans patrie au cœur, mais la patrie au ventre, après avoir livré Madagascar à l'Angleterre, se mettrait sans doute à l'œuvre pour tâcher, par raison de religion, de lui livrer aussi la France. Infamie des infamies! N'est-ce pas le cas de s'écrier : « Affinité religieuse, affinité dangereuse ! »

Les missionnaires catholiques, tout au contraire des us et coutumes des missionnaires protestants, ne recherchent pas les biens de ce monde; ils vont à Madagascar pauvres, ils y vivent pauvres et y meurent pauvres. Leur seule ambition est de gagner le paradis céleste en récompense des bonnes œuvres qu'ils font sur cette terre et des souffrances qu'ils endurent pour l'amour de Dieu. Tous aspirent au martyre, et nulle mission n'est prospère qu'autant qu'elle compte des martyrs. Tout occupés qu'ils sont de leur œuvre religieuse, ils restent étrangers à la politique, ne demandant au gouvernement que la liberté d'exercer leur culte, d'instruire les ignorants et de soigner les malades.

Je suis certain que jamais aucun d'eux n'a commis acte blâmable à l'égard du gouvernement établi ; que jamais il n'est sorti de la bouche d'un missionnaire catholique une parole de rébellion contre le gouvernement, ni de réprobation envers les protestants.

Chose capitale, quand on traite les questions concernant tous ces peuples divers à l'embyron de la civilisation, il faut non seulement ne pas oublier, mais encore il faut constamment penser que, partout dans ces pays primitifs, la France symbolise le catholicisme, et l'Angleterre le protestantisme.

Pour les habitants de ces contrées, tout Français est catholique et tout catholique est Français ; de même, tout Anglais est protestant et tout protestant est Anglais.

La France est donc par suite de cette croyance la protectrice-née de tout catholique, comme l'Angleterre est la protectrice de tout protestant. La France a charge d'intérêts et d'âmes en catholicité. ·

Autrefois les navires portugais et espagnols parcouraient régulièrement tous ces pays et partageaient avec la France la propagation et la défense de la foi catholique. Aujourd'hui que les navires portugais et espagnols ont cessé d'y paraître, la France se trouve seule représenter et protéger le catholicisme.

Comme conséquence de cette situation morale envers les catholiques, situation faite par suite d'événements providentiels, tout gouvernement de France, qu'il soit monarchique, impérialiste ou républicain, serait-il même athée, doit prendre en main, sous peine de déserter sa mission, la défense et la protection catholique, car le catholique est, de par la légende, citoyen français. Tout outrage à un catholique est un outrage à la France dans l'opinion de ces peuples, de sorte que, pour ne pas perdre son prestige à leurs yeux, la France se doit à elle-même de tirer vengeance de l'outrage.

Ayant vu nos missionnaires à l'œuvre, non seulement à Madagascar, mais encore dans le monde entier, je suis bien obligé, moi affligé d'incrédulité, de rendre hommage et justice à leur zèle, à leur patriotisme et à leur dévouement absolu aux populations qui leur sont confiées.

Nos missionnaires sont les pionniers de notre expansion coloniale. La vénération dont les indigènes les entourent se reflète en cordialité sur nos compatriotes. Aussi je ne puis comprendre comment un gouvernement qui a la prétention de reprendre l'idée coloniale de nos ancêtres ne subventionne pas largement nos missionnaires et les abandonne à leurs propres ressources, qui sont des plus précaires.

Ainsi à Madagascar nos missionnaires, réduits à eux-mêmes, ont à lutter contre les Anglais, qui reçoivent annuellement une allocation de deux cent mille francs. C'est aussi honteux qu'impolitique, cette négligence, cette noire ingratitude de la part du gouvernement.

Supprimez, si tant est que vous teniez à supprimer, supprimez le budget du culte, mais donnez à pleines mains, donnez sans compter à nos missionnaires, qui vous le rendront au centuple en disposant l'esprit et le cœur des indigènes en faveur de la France, en faisant désirer l'occupation française.

La parcimonie et les rancunes de partis ne sont pas de saison dans la question primordiale de Madagascar. Donnez donc hardiment à l'ouvrier méritant, exceptionnel, qui prépare patriotiquement votre tâche coloniale et patriotique.

Il faut se hâter de diminuer l'inégalité de chances de la lutte. Il faut une imprimerie à nos missionnaires, puisque les protestants en ont une. Il faut que nos missionnaires puissent élever une église et une école partout où il y a un temple et une école protestante. Il faut que nos missionnaires aient un hôpital dans les centres principaux.

Quand vous leur aurez donné tout cela, la population entière se portera en foule dans leurs églises et dans leurs écoles.

Le culte catholique avec les splendeurs de ses cérémonies enthousiasme les Malgaches et les attire.

Le culte protestant avec ses froideurs les contriste et les repousse. Que le choix soit libre, et dans peu de temps les temples et les écoles protestantes seront désertes ; la population malgache sera tout entière française.

XIII.

NOS MISSIONNAIRES CATHOLIQUES.

On dit, on répète : « Pour le prêtre catholique il n'y a pas de patrie. » Sur quel fait, sur quel exemple s'appuie-t-on pour énoncer et publier cette pernicieuse affirmation? Un jour, un prédicateur, à tête chaude, prononce en chaire ces malheureuses paroles, plus malheureusement mal comprises et plus perversement encore exploitées : « Oui, je mourrais pour ma foi, dans le cas d'un conflit du gouvernement avec le saint-siège ! » De ce transport enthousiaste pour la foi catholique on a déduit que pour le prêtre catholique il n'y avait pas de patrie.

Qui de nous n'a admiré, s'il n'admire plus, les martyrs de la foi chrétienne? La foi chrétienne d'autrefois est aujourd'hui la foi catholique. Le catholique reconnaît pour directeur infaillible le prêtre qui siège au Vatican ; c'est envers ce prêtre, choisi entre tous les plus parfaits, que les autres prêtres font vœu de soumission absolue et

d'obéissance passive ; mais cette soumission même
leur prescrit de laisser au gouvernement laïque
ce qui est du domaine du gouvernement laïque,
comme les anciens chrétiens rendaient à César ce
qui appartenait à César.

Soumission semblable, obéissance semblable
existent au même degré d'absolutisme et de dévouement non seulement dans toute secte religieuse, mais aussi dans toute association laïque
fortement organisée : franc-maçonnerie, carbo-
narisme, nihilisme, fénianisme, etc., etc.; chacune
de ces doctrines compte des martyrs aussi fana-
tiquement attachés à leur foi que les prêtres catholiques à la foi catholique.

On pardonne sans peine à ces laïques, enré-
gimentés dans un but commun, leur foi et leurs
espérances; on les approuve même souvent avec
trop peu de discernement, tandis qu'on condamne
toujours et quand même la foi et les espérances
du prêtre catholique.

D'où vient ce pardon d'un côté, et cette con-
damnation de l'autre? Tout simplement d'une
étroitesse d'esprit, d'un défaut d'idées larges et
libérales dans le cerveau.

En France, le public soi-disant avancé ap-

pelle libéral et progressiste celui-là qui jette aux
gémonies le dogme catholique et ses adeptes. Va-
lait-il bien la peine de lâcher, un fanatisme pour
tomber dans un plus grand, et pour en arriver à
renier le bien incontestable qu'une doctrine a
rendu à l'humanité en la conduisant pendant des
siècles de progrès en progrès jusqu'à notre époque? C'est de la plus noire ingratitude, en lieu et
place de profonde reconnaissance, que le public
montre sans vergogne à ses docteurs et maîtres
pour l'avoir sauvé de la barbarie.

Honnir et maudire le passé, les institutions
du passé, les hommes du passé, n'est-ce pas admettre qu'à notre tour nous devrons être honnis
et maudits par nos descendants? n'est-ce pas encore nous honnir et maudire nous-mêmes? car
si, au lieu d'être du présent, nous avions appar-
tenu au passé, nous eussions agi absolument
comme nos ancêtres ont agi.

Honnir est une mauvaise chose, croyez-moi.
Au lieu d'injurier, de haïr et de mépriser le
passé, il serait plus clairvoyant pour l'avenir, et
plus utile pour le présent au développement de
nos institutions et de la science civilisatrice, de
chercher tout simplement à s'abstenir de com-

mettre aujourd'hui les fautes que nos devanciers ont commises, tout en croyant agir dans le sens du bien, du mieux et du progrès.

Ainsi on reproche ouvertement au prêtre catholique le manque de patriotisme par cela même qu'il est catholique, tandis que lui catholique prétend qu'on ne peut pas être patriote si l'on n'est pas catholique. Cette différence intégrale d'envisager le but et les effets du patriotisme et du catholicisme prouve combien il faut être circonspect avant de porter une accusation, car cette accusation peut être retournée contre son auteur.

On ne me paraît guère autorisé à adresser un reproche aussi violent que le manque de patriotisme, quand on a à se reprocher soi-même d'avoir travaillé, à force d'intolérance et de persécutions, à extirper du cœur du prêtre ce sentiment de patriotisme et à y tenir cachée sa foi catholique, à laquelle vous ne pourrez jamais atteindre et qui s'allie si indissolublement à son patriotisme.

Nos pères ont chassé le prêtre catholique du temple de la patrie par les sanglantes et horribles exécutions de l'an 93; nous, actuellement que faisons-nous pour faire oublier cette barbarie?

Nous faisons, il est vrai, grâce du gibet; nous ne faisons pas non plus de noyades; mais nous persiflons, nous ridiculisons, nous huons, nous conspuons, c'est-à-dire que dans un autre genre nous nous montrons plus déraisonnables et plus fanatiques que nos pères en délire de terreur. Nous sommes certainement plus fanatiques en notre positivisme que les prêtres ne le sont en leur spiritualisme.

Nous avons jeté inconsidérément la pierre au prêtre catholique; le prêtre se défend en opposant patriotisme à patriotisme : sa conduite me semble naturelle. Son seul recours était auprès de son chef spirituel, abandonné qu'il était de son chef temporel, et il a été vers son chef spirituel. Vous l'avez délaissé, rejeté même de France, et il a cherché asile à Rome, qui lui a ouvert les bras et le console.

Il est extrêmement regrettable au point de vue politique qu'on se soit si puérilement aliéné le prêtre catholique. Avec un peu de jugeote et d'équité, on eût pu se l'attacher; il eût été alors aussi dévoué et aussi fidèle à la république qu'il l'est au saint-père.

On se méprend, sans doute à dessein, sur les

sentiments du prêtre en politique. Ce n'est pas à
la forme républicaine que s'adressent ses plaintes ;
ce n'est pas contre la forme républicaine qu'il a
organisé sa défensive, mais bien contre la façon
dont la république se conduit à son égard, et surtout contre ces politiciens de carrefour qui se
sont emparés, un jour d'effarement général, de la
direction des affaires et ont profité de leur situation pour l'attaquer dans l'exercice de son culte.
Aujourd'hui ces mêmes politiciens, honteux de
leurs actes, accusent le prêtre de ne pas avoir de
patriotisme, afin de se faire absoudre, par la foule
repentante, de leurs exactions, reflets des tortures d'une autre époque lamentable. — Eh bien,
soit. Mangez à satiété du prêtre catholique, mar-
mottant prières en France, si tel est le goût et le
besoin de votre pantagruélique estomac; mais ne
touchez pas au missionnaire qui, en pays étranger, tout en répandant la parole de son Dieu,
répand aussi l'amour de notre chère France.

En ce moment où la question de Madagascar
est brûlante d'intérêt pour la France, je ne m'ex-
plique pas cette rage insensée contre le missionnaire catholique, qui sacrifie ses trésors et sa vie
pour donner Madagascar à la France, alors que

pas un cri de réprobation ne s'élève contre les députés protestants, contre les sénateurs protestants
et autres, qui n'ont pas rougi de faire alliance
avec nos ennemis les méthodistes anglais pour
empêcher la conquête de Madagascar par la
France et pour faciliter cette même conquête par
l'Angleterre.

En présence du fatal traité et de la conduite
antipatriotique des protestants, on serait vraiment autorisé à croire que ce jésuitique factum a
été imposé par les protestants à la faiblesse du
ministère.

Certes, s'il suffit d'être entaché d'une religion
pour être accusé de manquer de patriotisme, les
protestants et les juifs seraient tout aussi coupables que les catholiques, car le protestant a le
cœur à Londres, tout comme le catholique a le
sien à Rome; car le juif à le cœur au veau d'or,
tout comme le catholique a le sien au denier de
Saint-Pierre.

Or, comme la population entière de la France
se compose seulement de catholiques, de protestants et de juifs, la population entière manque de patriotisme, n'a pas de patrie.

Quant aux Français vrais, à patriotisme, il

n'en existe pas; la lanterne de Diogène ne parviendrait pas à en découvrir un seul, car tous les êtres humains qui vivent sur le sol de la France sont affligés d'une religion : religion d'une foi, ou religion du néant.

C'est une singulière nation que la nation française, où pas un, parmi les nombreux habitants de son territoire, n'a la qualité de vrai Français et ne peut l'avoir. Le gouvernement lui-même est soumis à cette loi de négation, puisque lui aussi est affecté de la maladie d'une religion : la religion du « tout pour moi, après moi le déluge ».

Tout cela est tellement hors de raison, qu'on est bien obligé d'admettre que la religion n'est pas un obstacle au patriotisme.

En France, j'y consens jusqu'à un certain point, pensez et agissez selon les inspirations plus ou moins saines de votre intellect politique et patriotique ; supprimez le budget des cultes, chassez les jésuites, laïcisez écoles et hôpitaux, faites pis encore : cela s'appelle tout simplement laver le linge sale en famille.

Mais, à l'étranger, repousser et maltraiter le catholique ! halte-là, sans-culotte ! car cela c'est

faire la lessive en public, c'est plus que sale, c'est
honteux, c'est indigne, c'est forfaire aux attri-
buts de la patrie. En pays étranger, tout catholique est placé sous la protection de la France.
Quiconque est catholique est par cela même, par
cela seul, citoyen français dans l'esprit des populations indigènes, de sorte que le catholicisme
représente le symbole de la France, comme le
protestantisme celui de l'Angleterre.

Aussi, pour être logiques en politique comme
en patriotisme, les agents français doivent leur
protection au catholique en pays étranger; car
protéger le catholique en pays étranger, c'est protéger un compatriote. En s'abstenant de cette
noble et fraternelle protection, les agents com-
mettent un crime de lèse-patrie, et engagent
par cela même l'étranger à mépriser nos compatriotes, à leur faire subir toutes sortes de vexations sans crainte aucune de vengeance. La
France, se désintéressant de toute protection, ac-
cepte pour elle-même toutes les avanies qu'il
plaira à l'étranger d'infliger à ses nationaux.
Tombée à ce degré d'abaissement, elle ne sera plus
une nation.

Les méthodistes anglais à Madagascar en 1871,

devançant en cela la catastrophe où mèneraient infailliblement ces fatales théories, avaient fait accroire aux Hovas que la France n'existait plus ; que par conséquent on pouvait impunément courir sus aux Français établis dans l'île, s'emparer de leurs biens et les chasser. La guerre dernière avec les Hovas est la triste conséquence de l'abandon de la protection des catholiques, sous le fallacieux prétexte qu'ils ne sont pas Français, du moment qu'ils sont catholiques.

Comme les choses eussent tourné autrement, si la France avait toujours affirmé résolument sa protection sur les catholiques, que quiconque touche à un catholique touche à un Français. En agissant de la sorte, on n'aurait pas eu à déplorer la perte de tant de braves soldats, de tant de catholiques excellents patriotes, de tant de millions, d'un si riche et si important matériel naval de guerre ; et la grande île eût été conquise sans tirer un seul coup de canon, si on avait donné une protection efficace à nos missionnaires catholiques, si dévoués à la cause française, si patriotes français en dépit de leur attache à Rome.

Les haines de sectes ont fait oublier au gouvernement ses devoirs à Madagascar envers les plus dévoués de nos compatriotes à la grandeur et à la prospérité de la mère patrie.

Et si, au moins, la république, fanfaronne d'athéisme, avait eu le sens politique moins négatif, elle eût conservé, au lieu de la supprimer, la modique subvention annuelle de trente mille francs que l'empire allouait à nos missionnaires de Madagascar, je dis intentionnellement à *nos* missionnaires; cette modique somme, jointe à la somme plus modique que le conseil de l'administration centrale des missions leur accorde, eût suffi, pendant les quinze années de durée de la république jusqu'à ce jour, à élever des églises, des écoles et des hôpitaux en un nombre bien supérieur à celui des établissements des missionnaires anglais.

On ne peut douter qu'avec cet appoint, à juger de leurs créations actuelles et du nombre actuel de leurs néophytes, résultat des faibles moyens à leur disposition depuis la suppression de la subvention par la république, que la presque totalité des Malgaches eût adopté la foi catholique et abandonné le culte protestant, c'est-à-dire que d'anglaise la population serait devenue française et on n'eût pas été exposé à entreprendre la dernière guerre, si ruineuse en hommes et en argent, pour aboutir, en fin de compte, à un traité qui est presque un abandon de nos antiques droits sur Madagascar aux mains de nos ennemis.

Le premier ministre, Raïnilaïarivony, en voyant le nombre des catholiques s'accroître de jour en jour et parvenir à dominer le nombre des protestants, se serait débarrassé joyeux du joug dans lequel les méthodistes anglais le tiennent impitoyablement courbé, pour passer aux Français, vers lesquels il a toujours été attiré par une naturelle sympathie.

Mais ceux qui prétendent personnifier la république en France rougiraient de donner l'obole patriotique à nos missionnaires catholiques et patriotes, n'en déplaise; ils se croiraient déshonorés s'ils acceptaient les services de nos missionnaires : périsse la patrie plutôt qu'un principe, quelle que puisse être son absurdité! Mais, ô politiciens de carrefour! vous vous servez bien du marteau pour marteler le fer, et cependant vous n'êtes pas marteaux. Et, pour franciser les Malgaches, vous ne voulez pas vous servir du catholicisme, qui réussit si bien, parce que vous n'êtes pas catholiques!

La politique ainsi entendue est tout simplement de l'ineptie. Or, comme avec l'ineptie pour moyen on ne peut faire que de l'ineptie, on continuera à patauger à Madagascar tant que les républicains de votre acabit dirigeront le gouvernement de la république.

La défiance, paraît-il, est à l'ordre du jour. On ose même suspecter le patriotisme de l'éminent cardinal de Lavigerie, l'homme qui a plus fait pour pacifier la Tunisie et l'Algérie que tous nos bataillons réunis, que tous nos préfets, que tous nos politiciens, que le gouvernement lui-même. On lui a refusé l'obole patriotique qu'il était venu demander à la mère patrie, pieds nus, tête découverte, pour bâtir des églises et des écoles, pour battre en brèche le mahométisme, qui fait échec à tous nos efforts pour la civilisation du pays.

Lui ayant tout refusé, nous Français, à lui Français travaillant pour la France, tout secours, nous avons l'effronterie de lui reprocher de s'être adressé au saint-père, son chef spirituel, pour en recevoir les moyens qui lui étaient indispensables pour accomplir son œuvre sublime, son œuvre française. Nous l'accusons encore de s'entourer de prêtres italiens, maltais et hongrois; mais où aurait-il pu trouver des prêtres français en assez grand nombre pour ses écoles, alors que beaucoup de paroisses en France manquent de desservants ?

Non certes, en présence de notre conduite et de celle des missionnaires catholiques, le vrai patriotisme, le patriotisme intelligent et libéral n'est pas de notre côté, il est du côté de nos missionnaires catholiques.

En politique, comme en toute circonstance, du reste, il faut savoir se servir des hommes tels qu'ils sont, se les attacher, et non les rejeter comme de mauvais outils. Il n'y a pas de mauvais outil entre les mains d'un bon ouvrier.

Ayez confiance dans nos missionnaires catholiques de Madagascar; restituez-leur l'obole patriotique des temps passés, et ils feront promptement de tous les Malgaches de dévoués et fidèles citoyens français.

XIV.

MISSION DE L'AMIRAL PIERRE.

Le but de la mission confiée au brave amiral Pierre était le redressement de plusieurs infractions aux traités et aux lois internationales de la part des Hovas.

Il avait à tirer vengeance des mauvais procédés des Hovas à l'égard de nos nationaux établis dans l'ile ; de leur refus de permettre aux Français de prendre possession de leurs héritages ; de mettre des entraves à l'exercice du culte catholique ; de violenter la liberté de conscience ; d'empêcher les jeunes Malgaches de fréquenter les écoles de nos missionnaires et de nos sœurs de Charité ; d'exercer une action tyrannique et barbare sur nos protégés, les Antankars et les Sakalaves ; d'avoir envahi leurs territoires et d'y avoir bâti des forts dans lesquels ils tenaient garnison. Ce dernier acte constituait une grave insulte à notre drapeau en affirmant la prise de possession de territoires qui nous avaient été concédés régulièrement par

traités officiels par leurs possesseurs, les Antankars et les Sakalaves.

L'amiral Pierre, qui avait déjà fait campagne à
Madagascar, alors qu'il était jeune officier, et qui
avait pu observer les mœurs, les us et les coutumes, la fourberie et la mauvaise foi des Hovas,
ne perdit pas son temps à parlementer avec ces
faux diplomates ; il tomba, prompt comme la foudre, sur les principales places occupées par l'ennemi : Amhoudimadirou, Morotsanga, Majunga,
Vohémar et Tamatave, et les enleva avec la pres-
tesse qu'il savait mettre dans tous ses actes.

Cette foudroyante attaque, à laquelle les Hovas
étaient loin de s'attendre, les remplit de terreur,
et leurs maigres soldats déguenillés, ces vantards
qui se proposaient d'avaler nos petits Français
avec une dextérité sans pareille, s'enfuirent à toutes
jambes dans l'intérieur du pays. Ceux de Tamatave remontèrent épouvantés jusqu'à Tananarive.

Certainement, si l'amiral Pierre avait eu à sa
disposition un corps expéditionnaire seulement
de cinq mille hommes, Tananarive eût été atteinte et conquise sans coup férir ; les Hovas,
pris de frayeur, se seraient rendus, en suppliant
de leur épargner la vie.

Mais, après avoir mis une faible garnison dans chacune des places en notre pouvoir et qu'il fallait garder à tout prix, il ne restait à peine que le nombre d'hommes indispensables pour la manœuvre des navires.

L'amiral fut donc obligé de suspendre ses opérations et de renoncer à sauter sur Tananarive comme il avait sauté sur les places maritimes. Il adressa demandes sur demandes pour obtenir des renforts, afin de pouvoir compléter ses succès par la prise de la capitale. Il ne reçut que refus sur refus. Il devait se borner à garder les forts du littoral, et toute tentative dans l'intérieur lui était sévèrement interdite.

Le ministère, déjà effrayé de l'audace qu'il avait eue en ordonnant à l'amiral le bombardement seulement des villes maritimes, recula épouvanté en apprenant la brillante et soudaine victoire, la prise de possession de ces mêmes villes. Ce succès inattendu, peu désiré, paralysa toute son énergie, et, victorieux, il se crut perdu à tout jamais : il eût sans doute préféré que le brave amiral, après le bombardement, se transformât en chien de faïence.

L'amiral Pierre, accusé d'avoir outrepassé ses

ordres, fut blâmé et désapprouvé. Chose singulière, digne de remarque et qui prête à de bien graves et pénibles réflexions, tous les officiers qui, dans ces dernières années, ont agi avec vigueur à Madagascar, ont pleinement réussi, et ce qu'il y a de surprenant et de stupéfiant, c'est que tous, sans exception, ont été désavoués et rappelés en France pour rendre compte de leur conduite.

Désormais le brave amiral n'avait plus qu'à se croiser les bras ou à se ronger les poings, et à assister impassible au navrant spectacle de ses compagnons tombant un à un sous l'étreinte de la fièvre et de l'inactivité.

Vaincu lui-même à son tour par le dégoût et les ravages du désespoir et de la maladie, il retourna mourant en France. Le jour même où il touchait le sol de la patrie fut le jour de son trépas à jamais regrettable.

Ce fut une grande perte pour la patrie et pour la marine.

XV.

NÉCESSITÉ D'UNE NOUVELLE EXPÉDITION.

Si le traité a été un expédient nécessaire parlementaire, la nouvelle expédition est une nécessité patriotique.

Nous avons été chassés de Madagascar par les Hovas; c'est à nous, à notre tour, de reprendre Madagascar et d'en chasser les Hovas, à leur tour. C'est, en un mot, affaire entre nous et les Hovas. A qui de nous deux la timbale?

Nous possédions Madagascar bien avant que les Hovas fussent réunis sur le plateau d'Emyrne en corps de nation. Nous étions les maîtres alors que les Hovas étaient encore errants par les marais, les forêts et les montagnes, pourchassés de tous lieux par les indigènes, qui les considéraient comme des êtres impurs.

Nous avons fait avec eux, à diverses époques, des traités de paix. Tous ces traités ont été déchirés par eux quelques jours seulement après leur acceptation.

Nos compatriotes, commerçants et missionnaires, ont eu à subir des vexations de mille es-
pèces et des entraves prohibitives à l'exercice de
leur industrie et de leur culte. Des navires français ont été pillés et leurs équipages massacrés.
Les Sakalaves et les Antankars, nos amis et nos
protégés, ont été refoulés dans les marais et traités sans pitié ni merci.

Notre longanimité, ou notre faiblesse, ou notre
incurie, ont duré assez longtemps; assez longtemps nous avons fourni à ce ramassis immonde
de petits paquets de braves soldats pour les
sagayer à plaisir ou les laisser dévorer par la
fièvre.

Il est grandement temps que nous reconnais-
sions nos fautes, que nous connaissions notre devoir, qui est de prendre notre revanche et de
courir sus à notre vil ennemi, et de le chasser de
notre possession séculaire ou de le soumettre sans
pitié à notre merci.

Honneur outragé exige redressement de l'insulte. Nous ne pouvons plus longtemps différer
notre vengeance. Considérez quel cas ils font du
dernier traité. En outre du point d'honneur, n'y
a-t-il pas à satisfaire l'intérêt national, les besoins

et les exigences de notre commerce et de notre industrie aux abois ?

Arrêtée en Europe, notre activité industrielle et commerciale doit, sous peine de succomber à la lutte internationale, s'épandre au delà des mers, faire irruption dans le domaine colonial. L'île de Madagascar, l'antique France orientale, est le terrain le plus propice mis par la Providence à notre disposition pour procurer au génie de la France la plus belle moisson et la plus vaste expansion.

Madagascar, champ immense, d'une richesse incommensurable, où tous les corps de la nature se sont donné rendez-vous à profusion : règne minéral, règne végétal, règne animal. Cette admirable terre inspirerait la convoitise la plus assouvie. Elle est propre à satisfaire toutes les facultés morales et positives. Là, les génies les plus divers peuvent donner libre carrière à leur imagination, tant la nature s'est complu à doter l'île des faveurs les plus variées et les plus enviables.

Quel vaste champ, aux mille exploitations différentes les unes des autres, offert au commerce et à l'industrie de la mère patrie, que la grande île dont la superficie dépasse celle de la France !

Quelle situation plus convenable, plus appropriée pour y fonder la colonisation par les condamnés et les récidivistes! Là, pas d'obstacles de la part d'États circonvoisins; pas d'obstacles de la part de la minime population indigène, qui n'occupe que de minimes parcelles du terrain.

Madagascar compensera, sinon en amour-propre national, au moins en profits matériels, les regrettables pertes que nous avons faites du côté de nos frontières continentales.

On a constamment hésité jusqu'à ce jour à faire un sacrifice suffisant, un effort suprême pour assurer la victoire. Il y a plus de deux siècles et demi que nous tournons autour de Madagascar pour y subir, à plaisir, dirait-on, échecs sur échecs, mortifications sur mortifications, avec notre manie de petits moyens, de petits sacrifices. Cette déplorable manie nous a coûté des millions sur millions d'argent et des milliers de braves soldats; elle nous coûtera encore bien d'autres regrettables pertes, si enfin nous ne prenons la ferme résolution d'en finir avec les petits moyens et les petits paquets de soldats.

Les Hovas, comme les Chinois, comme les Annamites, ne cèdent qu'à la crainte, qu'à la force brutale. Avec ces races, pour les dominer en maître absolu, il faut, sitôt l'offense, sitôt la répression et la vengeance inflexible.'

Vous êtes convaincus maintenant de la mauvaise foi des Hovas par leurs procédés envers notre résident général. Vous êtes convaincus de la fourberie des Hovas par les interprétations, chaque jour nouvelles, qu'ils donnent des clauses du traité. Vous êtes convaincus que le premier ministre ne peut, sous peine de subir le sort fatal de Radama II, faire exécuter le traité dans toute sa teneur. Vous êtes convaincus que nos démonstrations platoniques ne servent qu'à encourager les Hovas au mépris de notre nation et de nos compatriotes établis dans l'île. Vous êtes convaincus que la force brutale seule est le seul argument à l'égard du Hova.

Ayez donc le bon sens et l'énergie de recourir à la force, puisque la force seule est le seul maître devant lequel le Hova courbe la tête et se prosterne.

Agissez sans plus de délai, sans plus de commisération. Demain ce sera trop tard; aujourd'hui même l'envoi du corps expéditionnaire, fort, vengeur, conquérant et souverain maître.

XVI.

MARINS OPPOSÉS A LA CONQUÊTE.

L'autre jour, me promenant soucieux sur les boulevards, je fus tiré tout à coup de mes noires réflexions sur l'instabilité des choses humaines par un ami, au cœur bouillant de patriotisme, qui fit irruption sur moi, me barrant le passage, et qui me dit à brûle-pourpoint : « Ah çà, expliquez-moi donc pourquoi les officiers de marine qui sont à Paris sont tous opposés à l'expédition de Madagascar ?

— Mon cher ami, je serais très heureux de pouvoir répondre en connaissance de cause à votre question ; mais je demande à réfléchir un instant, le temps de recueillir mes souvenirs de voyage côte à côte avec des marins.

« Ah ! j'y suis. Permettez-moi d'abord de vous faire le dénombrement des catégories diverses qui composent le corps de l'état-major de la marine militaire. Vous comprendrez plus facilement ensuite les explications que je vous donnerai sur l'incident délicat que vous soulevez.

« Le grand corps se divise en trois castes : la classe des officiers parisiens, caste noble ; la classe des castors, officiers éclopés avant l'âge, caste des sédentaires ; la classe des navigateurs, caste des parias.

« La caste noble ne s'aventure sur la mer salée que juste le temps réglementaire pour passer d'un grade à l'autre. Le reste du temps elle se pavane fièrement sur la mer d'asphalte des boulevards de Paris.

« Le castor, sédentaire par raison de santé, de cagne ou de mariage, renonce à l'avancement au choix, remplit et termine sa carrière en passant d'un service à l'autre dans un port de mer.

« Le navigateur, le paria, est toujours embarqué, toujours en route ; c'est le Juif errant du grand corps. Jamais de repos pour lui. Aussitôt revenu, aussitôt reparti ; les mauvais embarquements, les embarquements désagréables, les embarquements où il n'y a à récolter que des horions, lui sont dévolus de droit.

« Les beaux navires, les campagnes agréables et fructueuses sont réservés aux officiers parisiens.

« Il arrive fréquemment qu'un bâtiment, à bord duquel ne se trouvent que des officiers parias, est jugé éminemment propre à remplir une mission d'ordre supérieur; ce bâtiment est alors désarmé sous prétexte de réparations importantes. Les officiers parias sont débarqués et répartis immédiatement sur des navires de leur compétence.

« Le tour joué, le bâtiment, débarrassé des officiers parias, réarme en tapinois; les officiers parisiens arrivent à la queue leu leu, s'installent à bord et occupent toutes les places. Par le plus grand des hasards, il s'est rencontré que c'était le tour de chacun d'eux de marcher le premier.

« L'officier parisien n'a pas à se préoccuper de son avenir; il est certain qu'on lui fournira amplement les occasions de gagner grades et décorations. Les époques des divers grades, comme celles des décorations, sont désignées d'avance; elles se succèdent avec une rapidité princière.

« Malheur à l'officier qui n'appartient pas au groupe parisien, à la caste noble. Sa vie sera un enfer; une vie de tribulations, de déboires de toute sorte. Plus il naviguera, moins il acquerra de titres à l'avancement. Dans la marine actuelle, l'avancement est particulièrement réservé à ces officiers, parisiens qui, peu friands de la mer, parviennent, à force de protections, à se faire attacher à un corps en expédition à terre et ont la chance, dans ce service exotique, de recevoir un grain de sable sur le nez, blessure des braves à récompenser.

« Si, par suite de circonstances imprévues, exceptionnelles, l'officier paria acquiert des titres incontestables à une haute récompense, il se trouve toujours quelques raisons pour ne rien lui accorder ; au besoin, on brise sa carrière en inventant des calomnies ridicules, tant elles sont déraisonnables ; mais calomniez, calomniez, il en restera toujours quelque chose. L'avancement du paria eût fait tort à l'avancement du parisien.

« Tous les officiers parisiens n'habitent pas Paris ; il s'en trouve épars dans les ports, où ils font la cueillette des meilleures positions. Ainsi, à Brest, un officier parisien peut atteindre le grade de contre-amiral sans quitter le port et la rade.

« Quant aux expéditions, l'officier de la caste noble ne les désire pas, n'en est pas partisan. Pourquoi, en effet, aller risquer sa peau pour obtenir un grade ou une décoration, alors que grade et décoration viennent en dormant. Aussi, en principe, tout officier parisien est opposé à toute expédition.

« En ce moment, dites-vous, les officiers parisiens sont unanimes à désapprouver toute action nouvelle à Madagascar. Ces officiers sont très logiques avec eux-mêmes et par rapport à leur situation privilégiée, qui leur permet d'arriver aux plus hautes dignités sans courir aucun risque.

« Toutefois, si cette expédition contre laquelle ils poussent des hurlements d'indignation était décidée, soudain les navires désignés seraient envahis par eux, et les officiers parias en seraient impitoyablement expulsés.

« Il y aura de la gloire, des grades et des décorations à décrocher, et l'on sait que l'officier parisien, une fois lancé hors du boulevard, se conduit comme un lion au combat.

« Le paria se serait conduit tout aussi bien, mieux peut-être, si c'était possible; mais le paria n'est pas destiné à ceindre la couronne de laurier : il n'ira donc pas à Madagascar au moment de l'action militaire; il n'ira que lorsque tout sera terminé, que lorsqu'il n'y aura plus que

7.

les balais à ramasser, que lorsque les parisiens auront vidé les lieux, devenus stériles, et réorné les boulevards de leurs augustes personnes chamarrées de galons et fleuries de décorations.

« L'honneur de la marine est sauf, chacun a fait son devoir dans sa spécialité..... de caste.

« Vous connaissez maintenant, mon cher ami, tout aussi bien que moi, les motifs de l'opposition des marins de Paris à la conquête de Madagascar. »

XVII.

FORMATION D'UN CORPS D'EXPÉDITION.

Un gouvernement vigoureux, déterminé à vaincre les obstacles qui s'opposent à la réalisation de sa politique à Madagascar, ne doit pas hésiter à employer les moyens qui s'offrent à lui, moyens dont dépend la réussite complète.

1° Détruire la résistance des Hovas par la crainte.

2° Annihiler l'influence des missionnaires anglais.

3° Faire prédominer l'influence des missionnaires français.

4° Employer une diplomatie aussi nette, aussi précise, aussi brutale que la diplomatie des Hovas et des Anglais réunis est cauteleuse, astucieuse, fourbe et dissimulée.

5° Donner au résident général une garde digne de son haut rang.

6° Construire des routes du littoral à Tananarive.

7° Former à Nossi-bé un régiment de Saka-laves et d'Antankars.

8° Former en France un corps expédition-naire prêt à être transporté à Madagascar à la première incartade des Hovas.

1° Détruire la résistance des Hovas par la crainte.

La crainte est le meilleur argument contre la mauvaise foi des Hovas. Cette crainte salutaire leur sera inspirée par la formation d'un corps expéditionnaire prêt à être porté à Madagascar au premier signal.

2° Annihiler l'influence des missionnaires anglais.

L'influence des Anglais sera annihilée le jour où les missionnaires français pourront employer des moyens aussi puissants que ceux de leurs rivaux.

3° Faire prédominer l'influence des mission-naires français.

Les moyens de faire prédominer l'influence de nos missionnaires consistent dans une protec-tion énergique et une subvention de cent mille francs. Cette subvention, qui de prime abord paraît énorme, est cependant minime par rapport à celle que reçoivent les missionnaires anglais. Cette subvention permettra à nos missionnaires de bâtir des églises, des écoles et des hôpitaux en plus grand nombre que les établissements similaires des Anglais.

La religion catholique avec les splendeurs de ses cérémonies est beaucoup plus attrayante pour les Malgaches que la religion protestante avec ses nudités glaciales. Les Malgaches déserteront les temples et empliront les églises. Les Anglais, en perdant leurs prosélytes, perdront aussi toute leur inflence, qui sera remplacée par l'influence française.

La compagnie anglo-hova, déçue dans ses espérances d'une exploitation plus longtemps prolongée des âmes et des dollars des Malgaches, se dissoudra à l'amiable, quoique bien à contre-cœur, vendra ses établissements à prix extrêmement réduit, convaincue que ses vieux bibelots démodés sont dorénavant sans valeur aucune.

Rejetée à jamais de Madagascar, il lui restera la ressource de s'abattre de nouveau sur le Sénégal et d'y reprendre ses essais de biblisation parmi les Yolofs, les Takkours et les Trarzas.

4° La diplomatie à opposer à celle des Hovas.

La diplomatie des Hovas étant un mélange de
ruses, de fourberies, de mensonges et de trahi-
sons, la diplomatie la plus habile à leur opposer
sera la diplomatie de la volonté brutale, de l'argument brutal, de la force brutale, et aussi celle
de l'inertie vis-à-vis de leurs exigences.

5° Donner au résident général une garde
digne de sa haute position.

Il faut, au plus tôt, donner à notre résident
général une garde digne de son haut rang, en
lieu et place de ses trente pauvres éclopés, minés par les fièvres de Tamatave, qui lui ont été
envoyés. Il faut à la résidence une garde de cent
hommes choisis entre les plus grands, les plus
forts et les plus robustes, et mettre à leur tête une
douzaine d'officiers de toutes armes portant bien
l'uniforme, de grande audace et aptes à l'étude
des langues.

La faible et pitoyable escorte montant actuellement la garde à la résidence donne aux Hovas
une bien piètre idée de notre armée. « Eh! qu'est-
ce que c'est que ça, un Français? » répètent-ils
en voyant nos pauvres soldats souffreteux, ché-
tifs, minés par la fièvre, mal logés, mal nourris,

mal habillés, mal soignés. Les Anglais, nos impitoyables amis, profitent amplement de ce spectacle navrant pour dire aux Hovas : « Voilà l'armée française; toute l'armée française est composée ainsi de pauvres malheureux pouvant à peine traîner leur débile carcasse; résistez avec persistance, vous fatiguerez vite leur patience, et dans peu de temps, de guerre lasse, ils se retireront et ne reparaîtront plus. »

6° Construire des routes du littoral à Tananarive.

Tant que les routes de Tamatave et de Majunga à Tananarive ne seront pas construites, la résistance des Hovas, entretenue par les conseils des Anglais, qui en somme constituent le vrai gouvernement sous le nom hova, ne sera jamais vaincue totalement. Les Hovas pourront faire de temps en temps quelques concessions pour endormir notre vigilance, mais ils s'empresseront de les retirer à la moindre inadvertance de notre part.

Ces routes devant avoir pour effet de faciliter à nos armes l'ascension du plateau d'Émyrne et d'attirer une grande affluence d'étrangers à Tananarive, c'est la crainte de cette affluence qui pousse les Anglais à conseiller aux Hovas de ne pas les construire.

Le jour où les étrangers arriveront en masse à Tananarive, l'influence anglaise sera détruite. Les missionnaires protestants le comprennent fort bien, car dès ce jour ils ne seront plus seuls à donner des conseils aux Hovas. Leurs artifices seront dévoilés. Il sera facile de faire comprendre aux Hovas qu'ils ont été les victimes de l'égoïsme des Anglais et que ce serait une duperie inqualifiable que de continuer à se soumettre à ces tartufes sans vergogne.

Dans le cas où les Hovas se refuseraient à construire eux-mêmes ces routes, il faudrait faire venir de Chine un millier de terrassiers et entreprendre le travail au moyen de ces hommes, placés sous la direction d'officiers et d'une compagnie du génie.

Si les travailleurs étaient inquiétés dans leurs travaux par les Hovas, il y aurait lieu de recourir immédiatement à la protection du corps expéditionnaire.

7° Former à Nossi-bé un régiment de Sakalaves et d'Antankars.

Le régiment de Sakalaves et d'Antankars,

avec cadre d'officiers et de sous-officiers français parlant leur langue, servira d'avant-garde au corps expéditionnaire pour frayer la route et déterminer leurs compatriotes à se joindre à eux pour marcher sur Tananarive et se venger des cruautés que les Hovas leur ont fait subir. La bravoure des Sakalaves du fort d'Amboudimadirou et celle déployée par les Antankars à la prise d'Ambohitsména répondent de la bravoure de ce régiment.

8° Former en France un corps expéditionnaire.

Le corps expéditionnaire destiné à agir à Madagascar devra être composé de la manière suivante :

4,000 Yolofs.

2,000 créoles des îles Martinique et Guadeloupe.

1,000 créoles de l'île de la Réunion.

1,000 zouaves.

1,000 turcos.

4,000 soldats de chasseurs à pied.

100 soldats du génie.

100 soldats d'artillerie de marine.

Fusiliers et canonniers de la flotte pour garder

les bases de l'opération : Majunga, Marovaÿ et Mahévatanane.

La cavalerie ne pourra pas être utilisée à cause des difficultés de la route et de la fourniture des rations aux animaux. Il sera déjà fort heureux, si on peut arriver à pourvoir à la nourriture des mulets porteurs de l'artillerie de montagne.

Les officiers devront se résoudre à faire la route à pied.

Il est indispensable d'avoir un grand nombre de Yolofs dans le corps expéditionnaire pour protéger la marche de l'armée. On devra en placer mille en avant-garde; mille sur chaque flanc et mille en arrière-garde. Lorsqu'on sera rendu sur le plateau d'Émyrne, ils seront chargés de poursuivre l'ennemi au milieu des bois jusque dans ses repaires.

Les Yolofs, hommes forts, grands, robustes, alertes, habitués au soleil et à la fatigue, inspireront aux Hovas d'aujourd'hui la même épouvante et la même terreur que les Yolofs de l'expédition Gourbeyre, en 1829, inspirèrent à leurs pères. Les Hovas tremblent de tous leurs membres au souvenir des Yolofs Gourbeyre. Ils disent :

« Petits Français, bons, pardonner ; mais Yolofs, mauvais, prendre Hovas par les cheveux et leur fendre le ventre, et puis Yolofs lécher la lame du sabre. » La nouvelle seule de Yolofs dans le corps expéditionnaire facilitera beaucoup, si toutefois elle n'amène pas totalement, la soumission de ces vantards et pusillanimes fantoccini de guerriers hovas.

Le salako pour coiffure des Européens et des créoles.

Le turban, à la mode de Zanzibar, pour les turcos et les Yolofs. Ce turban permet à volonté d'abriter contre le soleil soit le visage, soit le cou ou les oreilles.

Un voile moustiquaire, en forme de sac à coulisse, pour abriter la tête, le visage et le cou contre les piqûres des moustiques pendant la nuit. Même précaution pour les mains.

Chemise en coton ; gilet boutonné droit ; veste en molleton bleu, forme vareuse des marins, avec poches et coulisse derrière à hauteur de ceinture ; flanelle ou ceinture de santé ; grande ceinture bleue ou rouge, à la façon des zouaves. Il importe de tenir toujours le ventre chaud.

Pantalon en molleton bleu, à blouse, s'arrêtant au-dessous du genou ; guêtres en toile forte montant jusqu'au genou ; bas de laine ; souliers forts pour les Européens et les créoles ; sandales romaines pour les Yolofs.

Le pantalon forme zouave sera supprimé et remplacé par le pantalon à blouse s'arrêtant au-dessous du genou : le pantalon-zouave serait un grand embarras pour la marche à travers les buissons, les bois, les marais et les rivières.

Mouchoirs pour essuyer la sueur du front, de la tête et du visage.

Burnous imperméabilisé pour tous les hommes indistinctement.

Rechanges. — Une chemise ; une paire de bas ; une paire de souliers. Pas autre chose jusqu'à Tananarive : le soldat sera suffisamment chargé avec ses armes, ses munitions et ses vivres.

Vivres. — L'industrie des conserves alimentaires est parfaitement en état aujourd'hui de fabriquer des boîtes de conserve, mélange de viande, de légumes et de farine, sous un très petit volume, pour suffire à l'alimentation d'un homme pendant huit jours, à raison de deux repas par jour.

Il sera facile, j'espère, de trouver un assez grand nombre de marémites pour faciliter le transport des vivres. Un marémite pourrait charger huit jours de vivres pour six hommes. Le premier chargement terminé, ces marémites retourneraient au magasin pour en prendre un nouveau. De cette façon, le soldat conserverait son approvisionnement particulier pour les cas exceptionnels, comme celui du retard des marémites à arriver au camp.

Chaque homme, en outre de son bidon, devra être muni d'une petite gargoulette-filtre pour filtrer l'eau prise dans les rivières, les sources et les flaques. Il conservera dans une pochette quelques pilules de quinine à prendre, matin et soir, au lever et au coucher du soleil, pendant tout le temps de la route. Il sera approvisionné aussi d'une certaine quantité de chiques formées d'un mélange de café, de pâte de dattes et d'une substance amère : ces chiques maintiendront en éveil l'esprit, le corps et l'appétit. Enfin on lui donnera du tabac à discrétion, la fumée du tabac réchauffera les bronches et les mettra à l'abri du contact des miasmes paludéens.

Dans les campements, faire une quantité de café suffisante, ou, à défaut de café, d'eau de riz grillé, pour en remplir tous les bidons ; engager le soldat à se contenter d'un bidon d'eau d'un campement à l'autre.

Les eaux de source et autres devront être examinées avec la plus grande attention, les Hovas ayant l'habitude d'empoisonner les eaux en s'enfuyant devant l'ennemi. Ce serait d'une bonne précaution de garder quelques prisonniers hovas pour leur faire boire de l'eau des sources avant de permettre à nos hommes d'en prendre et de s'en approvisionner.

Tout soldat atteint d'insolation, de fièvre, de dysenterie ou d'autre affection grave, devra être évacué immédiatement et transporté à bord d'un navire-hôpital. Des marémites indigènes ou chinois seront installés en brancardiers pour l'évacuation des malades. Un soldat impotent en cours de campagne est un camarade inutile et encombrant; de plus, son aspect peut influencer le moral des hommes valides.

Armement. — Fusil à répétition bronzé, aussi léger que possible; — revolver; pour les Yolofs, au lieu de revolver, on leur donnera un grand sabre recourbé, avec fourreau en acier bronzé.

Gibernes et ceinturons en tresse de lin ou de chanvre imperméabilisés. Le cuir, soumis alternativement à l'humidité et à la chaleur, se casse et est mis promptement hors de service.

Huit canons de montagne transportés à dos de mulet. On pourra faire venir des mulets soit de France, soit du pays des Somalis, soit de l'île de la Réunion ou de la Plata.

Attaque. — S'emparer immédiatement de Majunga, de Maroway et de Mahévatanane, qui serviront de base à l'expédition.

Se fortifier sur ces trois points. Bâtir à Majunga et à Mahévatanane de grands hangars pour y loger les munitions, les vivres et tout le matériel nécessaire pour la construction du chemin Decauville de Mahévatanane à Tananarive.

La communication de Majunga et de la flotte à Mahévatanane sera effectuée au moyen de canots-vapeur, de chalands et de canonnières à faible tirant d'eau.

Les hangars, préparés en France, seront portés à Majunga et à Mahévatanane en pièces que l'on montera, une fois sur les lieux.

Les canonnières à faible tirant d'eau pourront remonter à trente lieues au-dessus de Mahévatanane. Elles protégeront la formation en marche du corps expéditionnaire.

Des navires mouillés sur rade de Majunga serviront de magasins provisoires et d'hôpitaux.

On ne devra se servir pour boisson que de l'eau distillée, ou tout au moins de l'eau bouillie.

Il y aura à Mahévatanane des machines pour distiller l'eau ou la faire bouillir, et des caisses en tôle pour la conserver en attendant la distribution aux soldats.

On aura aussi apporté de France des blockhaus démontés, que l'on élèvera de distance en distance pour protéger les travailleurs du chemin de fer et les convois de vivres et de malades.

Marche. — Le régiment des Sakalaves et des Antankars en tête, pour frayer et déblayer la route.

Mille Yolofs en avant-garde; mille Yolofs sur chaque flanc, et mille en arrière-garde.

Les turcos et les zouaves prêts à se porter sur le point attaqué.

Les chasseurs et l'artillerie au centre.

Le génie à diriger les Chinois pour la construction du chemin de fer.

Si la chose était pratiquement possible, il y aurait un immense avantage à adjoindre au corps expéditionnaire une machine à feu électrique pour éclairer la route pendant la nuit et sonder l'horizon tout autour. Ce feu éblouissant, en outre de la sécurité donnée à la marche, produirait un effet effrayant sur l'ennemi, qui alors, au lieu d'attaquer, s'enfuirait à toutes jambes en répandant la terreur partout sur son passage.

La marche de nuit sera la plus favorable à la conservation de la santé des troupes. Il règne une grande fraîcheur à Madagascar pendant la nuit. Il faut éviter de laisser le corps sans défense contre cette humidité qui donne le frisson et la fièvre. Au moyen de la marche, on tiendra le corps suffisamment chaud et surexcité pour qu'il soit à l'abri de cette humidité.

La marche de jour devra être suspendue à neuf heures du matin et ne recommencer qu'à partir de quatre heures, à cause de la chaleur et par crainte des insolations.

A mesure que les troupes avanceront, les Chinois construiront le chemin de fer Decauville pour servir de communication entre le corps expéditionnaire et les bases de l'opération.

Les bois nécessaires pour pieux et traverses se trouveront en abondance dans les forêts de palétuviers de Maroway; les Sakalaves engagés comme

travailleurs en fourniront autant qu'on en demandera.

Il n'y aura guère à se préoccuper de la résistance que pourront offrir les Hovas. Le principal serait de leur flanquer une bonne frottée à la
première rencontre, et ils ne seraient pas tentés de
recommencer l'épreuve.

Surtout ne faire nul quartier, nulle grâce sur le
champ de bataille. Car, si les Allemands ont pour
tactique de lever la crosse en l'air en signe de
reddition, de l'abaisser ensuite soudain à l'approche de l'ennemi et d'envoyer une décharge
formidable contre l'ennemi confiant et désarmé,
les Hovas ont pour habitude de se laisser choir
comme foudroyés, à quelques pas de l'ennemi,
de se relever ensuite tout à coup, quand celui-ci est
passé, et de le frapper par derrière en poussant
des cris épouvantables.

Une grande surveillance devra être exercée sur
le terrain où le corps expéditionnaire devra passer
pendant la nuit. Les Hovas ont un grand talent
pour dissimuler les trappes et les trous de loup
qu'ils creusent sur la route de l'ennemi.

Ne permettre à aucun étranger au corps d'armée de suivre les troupes. Chasser impitoyable-

ment tous marchands et autres, tous voleurs et empoisonneurs.

La nouvelle expédition étant décidée en principe, ou en prévision de cette expédition dans un temps plus ou moins éloigné, ou encore pour tenir les Hovas sous la pression continuelle d'un sentiment de crainte, le lieu le plus favorable pour le rassemblement et l'instruction du corps expéditionnaire me paraît être la plaine d'Oran.

Sur ce plateau élevé d'Oran, l'air est pur, le terrain dégagé et très étendu. Les troupes y seraient logées soit sous des tentes, soit dans des baraquements, et dans l'ordre de marche de Mahévatanane à Tananarive, adopté par le général commandant.

Le temps étant presque continuellement beau à Oran, l'instruction des troupes se fera rapidement; six mois suffiront, ce me semble, pour donner aux plus rebelles l'instruction suffisante pour entrer en campagne.

Des interprètes seront attachés au corps expéditionnaire pour enseigner aux officiers et aux sous-officiers les premières notions de la langue hova.

Un vocabulaire des mots les plus usuels et de quelques phrases simples sera mis à la disposition de chacun d'eux. On ajoutera à ce vocabulaire une carte topographique du terrain depuis Mahévatanane jusqu'à Tananarive.

Un médecin, ayant séjourné à Madagascar, fera des conférences sur les précautions hygiéniques à prendre dans ce pays pour se préserver de tout accident climatérique et sur les premiers soins à donner en cas d'atteinte de maladie ou d'indisposition.

Le nombre de 13,000 hommes environ, que j'ai fixé pour la composition du corps expéditionnaire, ne peut être, selon mon avis, ni augmenté ni diminué sans inconvénient.

Dans une armée, quel que soit le soin avec lequel on aura choisi le personnel, il y a toujours le quart au moins de non-valeurs, pour cause de maladie, d'accidents et autres cas imprévus.

Le nombre de 13,000 se réduit donc à peu près à 10,000 hommes faisant face à l'ennemi.

Ce nombre de 10,000 combattants réels est suffisant pour surmonter toutes les éventualités qui se présenteront, et pour se prêter à toutes les combinaisons de marche en avant, d'attaque, de défense et d'approvisionnement en vivres et munitions.

Une armée de 10,000 hommes est une armée manœuvrable en tous pays, sous tous les climats ; elle est terrible entre les mains d'un capitaine habile et audacieux.

Un jeune officier général est l'auteur d'un projet de marche sur Tananarive avec un corps d'armée de 7,000 hommes seulement. Ce jeune général, plein d'ardeur, suppose naturellement que chaque soldat sera animé d'une ardeur égale à la sienne. L'exigence est trop grande, et par suite désastreuse. Les non-valeurs d'un corps d'armée de 7,000 hommes s'élevant à peu près à 2,000, l'effectif réel de combat ne serait que de 5,000 : c'est trop peu.

Un député, opposé sans doute à la conquête de Madagascar par la France, et sans doute pour effrayer ses collègues en exagérant et le nombre d'hommes et la quantité des dépenses à faire pour la conquête, a prétendu que, d'après l'avis de militaires compétents, il fallait au moins une armée de 25,000 hommes.

Je serais très curieux de connaître ces militaires compétents. Je voudrais leur demander, d'abord, s'ils connaissent Madagascar et, ensuite, sur quels documents ils basent leur opinion.

Une armée de 25,000 hommes est déjà très difficile à conduire en bon ordre en Europe, pays sillonné en tous sens de belles routes, de canaux et de chemins de fer, possédant en outre de nombreux ponts sur chaque rivière et sur chaque cours d'eau. De plus, les ressources de toute espèce abondent en profusion sur le parcours de l'armée; le service de l'intendance s'y fait avec une régularité mathématique.

Mais à Madagascar, pays sauvage privé de toute voie de communication, pays où les vivres et les munitions doivent être portés à dos d'homme, pays où le terrain pour se rendre de Majunga à Tananarive n'a qu'une largeur minime sur tout le parcours, limité qu'il est, d'un côté, par la rivière Betsibouka, innavigable, et, de l'autre, par des forêts impénétrables et des coteaux abruptes couverts de buissons épineux, comment développer une armée de 25,000 hommes? Mais, dans ces conditions de terrain et d'espace, l'avant-garde de cette armée de 25,000 hommes serait arrivée à Tananarive ou anéantie par l'ennemi et les privations, que l'arrière-garde ne serait pas encore débarquée.

Nous ne comptons pas les mille inconvénients

de l'encombrement, ni de l'impossibilité, par suite de cet encombrement, de faire mouvoir une colonne de droite à gauche, de gauche à droite, de l'avant à l'arrière, de l'arrière à l'avant, pour repousser les attaques de flanc, de l'avant-garde et de l'arrière-garde. Ces malheureux soldats seraient entassés comme des sardines dans un baril, et deviendraient une proie facile pour un ennemi éparpillé par petits groupes, pouvant sauter d'un côté et d'autre, paraître et disparaître avec la rapidité de l'éclair.

Ces militaires si compétents se sont-ils rendu compte du nombre de navires nécessaires pour transporter les 25,000 hommes, les vivres, les munitions et les autres divers approvisionnements indispensables à leur entretien et à leur équipement ?

Je ne puis résister, quoique à regret, au malin plaisir de rappeler qu'après la guerre de Crimée, dans un moment d'enthousiasme où il fut grandement question de la conquête de Madagascar pour venger l'assassinat de plusieurs de nos compatriotes par les Hovas, on tint un conseil d'amiraux, tous d'un âge avancé, par conséquent hommes de compétence et d'expérience. Il s'agis-

sait de déterminer la quantité d'hommes nécessaires pour faire la conquête de l'île.

A l'unanimité, ces vieux amiraux déclarèrent
que l'expédition ne pourrait s'entreprendre qu'a-
vec une armée de 50,000 hommes. Je dis cinquante mille hommes. En face de ce chiffre effrayant, le gouvernement recula épouvanté et se
désista. Que faire en effet?

Les raisons de cette étrange décision de la part
de ces vieux amiraux sont faciles à saisir : pre-
mièrement, leur vieillesse ; et secondement, la peur
d'aller attraper la fièvre. Que voulez-vous? c'é-
taient des satisfaits ; mais ils étaient arrivés au
sommet de l'échelle hiérarchique militaire, et ils
se souciaient fort peu d'aller risquer leur peau
dans cette entreprise, quelque glorieuse qu'elle fût.
En portant à 50,000 le nombre d'hommes nécessaires pour assurer la conquête, ces vieillards sa-
vaient fort bien que le gouvernement renoncerait
à son projet en présence des frais énormes qu'en-
traînerait l'expédition.

Aujourd'hui on réduit, il est vrai, le nombre
de moitié ; la crainte n'est que de moitié ; les frais
ne seront que de moitié ; la bonne volonté ne manque pas : mais le trésor est vide !

Le tour des non-partisans actuels de la conquête est aussi bien joué aujourd'hui que jadis.
Madagascar, au lieu d'être conquis, sera abandonné aux Anglais, faute d'argent pour les
25,000 hommes prétendus indispensables par les
non-partisans de la conquête par la France.

XVIII.

COLONISATION.

La colonisation de Madagascar demandera dans sa direction beaucoup de circonspection et de prudence de la part du résident général. Il faudra qu'il ait constamment à la pensée cet aphorisme : qu'un colon qui réussit en entraîne cent autres, tandis qu'un colon qui échoue en détourne mille.

Il ne devra donc accepter, dans le commencement, que des colons de choix, offrant toutes les garanties de moralité, de capacité et de persévérance. En un mot, il faut que les premiers colons réussissent.

Les terres propres, dès aujourd'hui, à recevoir des Européens et à être cultivées par leurs bras se réduisent pour le moment aux plateaux d'Émyrne, de l'Antscianac, du Betsiléos, et à une partie des coteaux du pays des Antankars. Ces terrains sont très considérables et suffiront pendant de bien nombreuses années à satisfaire les convoitises de bien nombreux émigrants.

On peut encore comprendre dans la quantité des terres cultivables par les Européens les versants des chaînes des montagnes qui traversent l'île dans toute sa longueur du nord au sud.

Mais les pays de plaines et de marais, comme le pays des Sakalaves, des Antavarts, des Bétanimènes, des Betsimitsaras, des Antaymours, des Antarayes et des Antanossis, ne peuvent être cultivés que par les indigènes, les noirs, les Indiens, les Tonkinois et les Chinois.

Les terres à haute altitude peuvent produire tous les produits de l'Europe sans exception : arbres fruitiers, vignes, céréales et légumes ; ils peuvent aussi servir à l'élève du bétail de toute espèce et grandeur.

Les terres basses sont éminemment propres à la culture de tous les produits intertropicaux de toute nature.

Le premier devoir du gouvernement, après la prise de l'île, sera d'annuler toutes les décisions, tous les décrets, toutes les lois édictés par les Hovas ; lois faites, en général, dans un but d'hostilité contre les Français et de faveur envers les Anglais.

Ces lois, œuvre des méthodistes anglais, sont

la reproduction du système de propriété en usage en Angleterre, système qui concentre toute la propriété bâtie et non bâtie entre les mains d'une oligarchie, maîtresse ainsi à perpétuité du sol et des constructions bâties sur ce sol, après quatre-vingt-dix-neuf ans de jouissance exercée par l'acheteur ou l'exploiteur.

Un tel système, tout de monarchie absolue, ne peut subsister sous un gouvernement démocratique.

Par conséquent le gouvernement français devra prononcer l'abolition absolue de ce système et l'adoption du code national de la France.

Le gouvernement, après s'être réservé les mines, les forêts, les rivières, les cours d'eau, les lacs et les ports de mer, répartira une partie des terres, en portions d'une étendue raisonnable, entre les indigènes, et disposera de la partie non distribuée envers les étrangers solvables qui voudront s'en rendre acquéreurs dans un but d'exploitation.

Toute concession devra être mise en exploitation dans un temps déterminé d'un commun accord entre l'acheteur et le gouvernement. Faute par l'acheteur de remplir cette clause dans le temps convenu, la concession retournera à l'administration et le capital déjà versé sera acquis à la caisse d'émigration.

L'émigration pourra être entreprise soit par le gouvernement, soit par des compagnies disposant de grands capitaux.

La topographie des espaces réservés aux émigrants sera faite par les soins du gouvernement. Ces espaces seront divisés en portions de différente grandeur, dont le plan cadastral sera levé avec une régularité suffisante pour que l'acheteur puisse à son inspection se rendre compte de la nature et de la valeur du terrain dont il désire faire l'acquisition. Ces plans seront mis à la disposition des émigrants dans les bureaux du gouvernement et dans les salles des mairies de chaque arrondissement.

Pour faciliter l'œuvre de la colonisation, le gouvernement cédera les grandes portions aux compagnies d'émigration, sous condition par elles de distribuer aux colons des lots de différentes étendues.

Toute compagnie d'émigration possédera le plan détaillé de la portion achetée par elle, avec la description de chacun des lots, spéci-

fiant la contenance, la qualité et la nature du
sol.

L'émigrant, ayant fait son choix, en connaissance de cause, du lot qui lui convient le mieux,
sera transporté par les soins de la compagnie au
port le plus voisin du lieu où se trouve le lot
choisi.

A son arrivée au port, le correspondant de la
compagnie le conduira sur la propriété désignée,
et sur laquelle il aura fait bâtir préalablement
une maison pour loger le colon et sa famille.

Le colon sera pourvu, toujours par les soins
de la compagnie, des instruments, outils et animaux nécessaires pour la culture et l'exploitation
de la ferme. Elle lui fournira aussi gratuitement
des vivres pendant trois ans. Après la troisième
année, le colon paiera, par annuités, le prix convenu de la terre et des différentes fournitures
dont la compagnie lui aura fait les avances.

Ce mode d'émigration et de colonisation est
usité avec grand succès en Angleterre et en Hol-
lande. Le dimanche et les jours de fête, les bureaux d'émigration sont envahis par des paysans
et des ouvriers qui examinent les divers lots non
encore cédés et prennent connaissance des de-

mandes d'emplois dans telle ville, tel village, telle ferme ou telle industrie.

Ces mêmes compagnies expédient soit des familles entières, soit de simples ouvriers ; ceux-ci à la demande et sous la responsabilité pécuniaire des postulants. Ce genre d'affaires procure de larges bénéfices aux compagnies qui l'entreprennent avec des capitaux suffisants pour pouvoir attendre le rendement des sommes engagées. Ce sont, en un mot, opérations à long terme.

La grande culture ne pourra être entreprise à Madagascar qu'avec l'aide de l'indigène, du noir, de l'Indien, du Tonkinois et du Chinois. L'Européen ne saurait résister ni au travail ni au climat en pays de plaines et de marécages. Il sera déjà très heureux s'il peut suffire à la surveillance, et encore sera-t-il obligé, tous les deux ou trois ans, de retourner au pays natal et d'y faire une cure de cinq à six mois pour restaurer ses forces et renouveler son sang appauvri par les fièvres paludéennes.

Pour la grande culture, sucre, café, coton, etc., pour laquelle le personnel employé est nécessairement très nombreux, le caractère de l'indigène, du noir, de l'Indien, du Tonkinois et des Chinois se prêterait avantageusement, je crois, au mode d'association et d'organisation adopté et préconisé par M. Godin dans son familistère de Guise.

En effet, dans plusieurs villages de Madagascar, la terre à cultiver le riz et le manioc est mise en commun et travaillée à tour de rôle par tous les habitants. Le matin, une moitié va aux champs, et, l'après-midi, c'est l'autre moitié. Le riz et le manioc récoltés sont renfermés dans le grenier commun, où, chaque semaine, le chef de famille va recevoir la part qui lui revient.

Des missionnaires de Chine et du Tonkin, consultés sur les probabilités d'émigration de Chinois et de Tonkinois, ont répondu qu'ils pourraient amener à Madagascar des villages entiers. Ces missionnaires ne demandaient pour eux qu'une seule faveur, celle d'accompagner leurs néophytes dans leur nouvelle patrie et de continuer leur instruction religieuse.

Le gouvernement, dès son installation à Madagascar, s'empressera de construire des voies de circulation dans tous les sens, afin de faciliter la colonisation, le commerce et l'industrie. Ces voies de communication pourront être entreprises par le moyen de corvées fournies par les villages situés sur le parcours, ainsi que cela a lieu en Cochinchine, au Cambodge et au Tonkin. Comme les travailleurs de toute provenance recevront un salaire journalier, on trouvera un plus grand nombre d'ouvriers qu'on ne pourra en employer.

Sous le régime hova, l'ouvrier travaillant pour la reine ne recevait aucune rétribution, pas même pour sa subsistance. La différence de traitement sera naturellement toute en faveur du gouvernement français et lui attirera une chaude sympathie. Le Français sera dès lors libérateur et bienfaiteur; car le Hova est pour le Malgache ce que l'Anglais est pour l'Irlandais, ce que l'Allemand est pour l'Alsacien-Lorrain.

XIX.

APPEL AUX ISRAÉLITES.

Israélites, grand peuple sans patrie ; Israélites, repoussés du monde chrétien et du monde musulman ; Israélites, condamnés par les préjugés à errer sans cesse d'un côté et d'autre, sans pouvoir trouver un coin de terre où reposer vos membres endoloris, je m'adresse à vous tous et je vous convie à porter à Madagascar votre intelligence, vos capitaux et votre foyer domestique.

Là, dans cette île magnifique, privilégiée entre toutes par sa position et par la richesse de son territoire, vous pourrez, en toute sécurité, développer le génie de votre race et reconstituer le royaume de la Judée.

L'île mesure une superficie de trente mille lieues carrées et ne possède que trois millions d'habitants, dont la majeure partie vit encore à l'état sauvage.

Le règne minéral ne le cède ni en richesse ni en diversité à celui d'aucun continent.

Le sol est d'une fertilité incomparable; il est propre à la culture de toutes les plantes de l'Europe et des pays intertropicaux.

L'élevage des bestiaux de toute espèce y prospère dans les meilleures conditions.

Des forêts vierges, aux arbres gigantesques et aux variétés les plus diverses, couvrent les pentes des montagnes et une partie de la plaine. Le caoutchouc, la gutta-percha et l'orseille sont récoltés en grande quantité dans ces forêts.

Des rivières nombreuses arrosent les plaines en y répandant une abondance d'une exubérance inconnue dans nos régions européennes.

Le climat est partagé en deux saisons : la saison sèche et la saison pluvieuse. Il n'est redoutable que pour les personnes intempérantes et de conduite déréglée.

La chaleur n'y est pas excessive et, sur les hauteurs, le froid s'y fait sentir souvent d'une manière assez intense pour exiger la présence du feu.

Le commerce et l'industrie peuvent s'y développer d'une façon extraordinaire, le sol produisant en abondance les matières premières et les objets d'alimentation.

Sa proximité de la côte orientale de l'Afrique, de l'Arabie, de l'Inde, des îles de la Sonde et de l'Australie, lui donne un avantage considérable sur les centres producteurs de l'Europe et de l'Amérique pour écouler dans ces contrées les produits de son agriculture et de son industrie.

Israélites, dispersés dans le monde entier ; Israélites, chassés de la Russie ; Israélites rejetés de l'Allemagne ; Israélites, enfermés par l'Italien dans l'infect Ghetto ; Israélites, traités par l'Espagnol pis que des bohémiens ; Israélites, déclarés impurs par les musulmans ; Israélites infortunés, accourez en foule vous réfugier dans cette jeune et si riche France orientale, où la noble et généreuse vieille France du continent vous offre hospitalité, fortune et égalité.

Vous tous, Israélites de France, d'Allemagne, d'Autriche et d'Angleterre, qui possédez des richesses incommensurables, qui avez tenté sans succès le retour en Palestine et l'achat de la Roumanie, rassemblez vos immenses capitaux improductifs et organisez en masse l'émigration juive à Madagascar, à l'ombre du drapeau de la France bienveillante et cordiale à tous les déshérités.

Quel usage plus agréable à votre Dieu pourriez-

vous faire de vos trésors que de les employer à
relever son peuple, vos frères, de la misère, de
l'opprobre, de l'insulte et de la honte?

Nouveaux Moïses, conduisez vos frères à cette
nouvelle terre promise, Madagascar, la France
orientale, où la prospérité et le bonheur comble-
ront bientôt leurs vœux et compenseront des siècles de souffrances.

Sur les superbes hauteurs du plateau d'Émyrne
vous élèverez le nouveau temple de la rédemption,
plus vaste, plus haut, plus splendide que le splendide temple de Salomon, le roi des rois.

Il y a des Hirams parmi vous, et la grande île
vous fournira le granit, le marbre, le fer, le cui-
vre, l'argent et l'or pour bâtir et orner la maison
du Dieu de Salomon et de David.

La Palestine devait vous coûter des milliards!
la Roumanie devait vous coûter des milliards!
Madagascar ne vous coûtera pas un maravédis.
La magnanime France vous offre à Madagascar
l'hospitalité la plus désintéressée, la plus franche,
la plus loyale. Les navires de l'État transporteront
gratuitement à destination les émigrants de toute
provenance et quelque grand que soit leur nombre.

Puissants nababs d'Israël, soyez les rédempteurs

de votre race captive des préjugés humains! allez
fonder à Madagascar la nouvelle Judée! allez
prier, croître et prospérer, libres et honorés, dans
la nouvelle France, sous les auspices de l'antique
et noble France!

XX.

CONSEILS AUX COLONS.

La légèreté de caractère occasionne bon nombre de déboires à nos compatriotes en pays étrangers et devient la principale cause de leurs insuccès.

Certains Français, parvenus, on ne sait trop comment, sur le sol étranger, sont possédés, pour la plupart, de la sotte manie de s'y considérer comme en pays conquis. Leur outrecuidance n'a pas de pareille; bavards impitoyables, sempiternels, insupportables; bavards à propos de tout et à propos de rien; tournant tout en ridicule; critiquant tout et quand même; s'immisçant maladroitement dans la politique du pays; abandonnant leurs magasins pour s'en aller au café discutailler politique; railleurs sans pitié ni raison; manquant de dignité personnelle; sans respect humain; époux aussi infortunés que maris peuvent l'être, ils courent chez le voisin, très heureux en ménage, pour lui apprendre la manière de traiter et conduire sa femme; personnages sans mœurs, ils narguent sans cesse les mœurs et les usages du pays qui a l'insigne honneur de les posséder.

Cette catégorie de Français, malheureusement trop nombreuse, fait le plus grand tort à la nation et surtout à ses compatriotes, de conduite irréprochable, établis dans la même localité. De guerre lasse, tout le monde s'éloigne d'eux; personne ne veut avoir de relations avec eux, et alors il arrive un jour fatal où, réduits à la misère, rejetés de partout, ils n'ont d'autre ressource que d'aller au consulat, qu'ils n'avaient cessé de vilipender, solliciter des secours et demander le rapatriement des indigents.

Bien différent est le sort du Français qui se respecte et qui a le bon sens de ne jamais blesser l'indigène dans ses mœurs, ses usages, ses coutumes, sa religion, son patriotisme, ni même dans ses préjugés pas plus que dans ses superstitions. Ce Français est certain d'arriver en peu de temps à une belle position et à acquérir l'affection et la considération générales.

Le Français d'éducation possède dans ses relations une affabilité qu'aucun autre peuple ne peut égaler. Aussi tout lui vient-il à souhait. Chacun brigue son amitié et se fait un vrai plaisir de l'aider dans ses opérations.

Les Français qui iront s'établir à Madagascar se trouveront en présence d'un peuple aux us et coutumes d'un genre tout particulier, aux préjugés et aux superstitions les plus fantasques. Il leur faudra non seulement respecter tout cela, mais encore s'y conformer, car on n'outrage pas impunément un peuple primitif encore enfoui dans les limbes de la sauvagerie et du fétichisme.

Chez le peuple malgache, on entre dans une case, dans une maison, le pied droit le premier. — Si on commet l'inadvertance d'entrer le pied gauche le premier, on jette le mauvais sort sur la maison et sur tous les membres de la famille.

Pour offrir ou donner quelque chose, c'est de la main droite qu'il faut offrir ou donner. Se servir de la main gauche dans ce cas, c'est faire une grossière injure.

Un voyageur rencontre sur son chemin un autre voyageur allant en sens inverse : il doit s'arrêter à son approche, le saluer, lui demander des nouvelles de sa santé, et puis lui raconter tout ce qu'il a vu d'étrange sur la route qu'il vient de parcourir; l'autre voyageur raconte à son tour les moindres incidents aperçus sur son chemin.

Un voyageur passe devant une case où la famille est en train de prendre son repas. Le voyageur entre et prend sa part du festin; il raconte ensuite ce qu'il a vu sur sa route, et puis il prend congé. Il serait de la dernière impolitesse de ne pas agir ainsi. — Un Européen doit modifier cet usage hospitalier en saluant, souhaitant bon appétit, et laissant quelques petits sous aux enfants, mais bien se garder d'offrir quoi que ce soit aux maîtres de la case.

Lorsque devant une case il y a un bâton fiché en terre et surmonté de banderoles, gardez-vous d'entrer ou même d'écouter à la porte : il se passe dans cette case les actes les plus intimes ; on y accomplit les doux mystères de l'amour.

Lorsqu'un bâton semblable, ou un mât, est planté sur la place publique d'un village, respectez ce mât : il porte à son sommet le dieu protecteur du village.

Lorsqu'une case nouvelle est achevée, pour la mettre à l'abri de la foudre et de l'incendie, le propriétaire fait plusieurs fois le tour de la case en tenant à la main une torche enflammée. Si dans cette cérémonie la case ne prend pas feu, c'est qu'elle est à l'abri de la foudre et de l'incendie.

Si, passant près d'une case, vous entendez des gémissements, des vociférations, des imprécations, des cris étourdissants, des coups répétés sur des calebasses, des chaudrons ou autres ustensiles sonores, éloignez-vous : on est occupé à chasser le mauvais esprit entré dans le corps d'un patient.

N'approchez pas les lieux de sépulture ; passez au loin.

Lorsqu'un chef meurt, son nom ne doit plus être prononcé ; il est rayé de la langue et remplacé par un autre. De sorte que tout chef a deux noms : celui qu'il portait de son vivant, et celui sous lequel il est désigné après sa mort.

Le Malgache aime passionnément raconter des historiettes : écoutez-le avec complaisance, félicitez-le sur son talent ; vous le rendrez heureux, et il vous en sera reconnaissant.

La reine est souveraine de la terre malgache et du peuple malgache ; elle est Dieu sur la terre : elle doit être aimée, servie et adorée.

Le peuple travaille gratuitement pour la reine :
c'est la corvée.

Un ouvrier acquiert-il une certaine habileté,
un officier du palais va lui dire : « La reine te fait
l'honneur et la grâce de t'accorder de travailler
désormais pour elle. » Et cela gratuitement.

Une maison, une ferme, un animal, un objet
d'une grande valeur, deviennent par cela même
la propriété particulière de la reine. L'officier du
palais est toujours là pour dire au possesseur :
« Cela plairait à la reine. »

Lorsque sur la route passe un serviteur de la
reine portant un objet quelconque appartenant à
la reine ou pour son service particulier, il faut
saluer, se ranger prestement de côté et laisser
passer l'esclave.

Lorsqu'on joue l'air de la reine, l'hymne national, tout le monde se découvre.

Le Malgache est très superstitieux. Aussi le fétichisme a-t-il pris dans son imagination et dans
sa vie une très grande influence. Il porte des gris-
gris pour se préserver de la foudre, de la morsure
des serpents et des araignées, de la sagaie et de la
balle de l'ennemi, des maléfices des sorciers, etc.,
etc.

Il compte des mois, des jours et des heures fastes et néfastes.

Janvier est favorable à la classe noble et défavorable au peuple.

En mars, il ne faut ni construire une case ni se marier.

Avril est propice à la construction.

Celui qui naît en juin vivra de nombreux jours.

Naître en juillet, c'est être destiné à la richesse et à la mort naturelle.

En mai, il faut se garer des sorciers.

Septembre est le mois le plus favorable aux princes; mais malheur à l'enfant du peuple qui naît en ce mois. On le noie impitoyablement, parce que, si on le laissait vivre, il porterait malheur à sa famille.

Octobre est propice au mariage. C'est le mois du bonheur conjugal.

Novembre est le mois de la tristesse et de l'infortune; celui qui naît en ce mois traîne une vie misérable, pleine d'afflictions.

Pendant les éclipses de lune et de soleil, on allume du feu devant la porte de la case, et on tire des coups de fusil à balle contre ces astres.

S'il y a tremblement de terre, les habitants sortent de leurs cases et frappent légèrement de la main contre les murs.

Les jours de la semaine, les heures elles-mêmes ont leur influence particulière sur la naissance et sur la vie, comme sur la santé et les divers événements qui se succéderont avant la mort.

Il serait trop long et surtout fort oiseux d'énumérer ici les mille et un pronostics affectés à chaque jour, à chaque heure, au lever et au coucher du soleil et de la lune, à l'aspect du temps, à la forme des nuages, au cri et au vol des oiseaux, etc., etc. ; tout cet amalgame d'incohérences ressemble énormément à la science astrologique et à l'explication des songes.

C'est absurde; néanmoins, sans la connaissance de ces mille absurdités, il n'est pas possible de comprendre la vie malgache. Aussi conseillons-nous aux Européens qui se décideront à s'établir à Madagascar de tâcher de s'initier le plus tôt possible à toutes ces diverses croyances, dans le but de ne pas choquer la foi de ces peuples naïfs au milieu desquels ils sont appelés à vivre.

Le respect des mœurs, des usages et des traditions de ces populations attirera de leur part sur l'Européen la plus grande considération et une certaine vénération.

En général, les populations malgaches, à l'exception toutefois des Hovas, sont bonnes, douces et serviables, heureuses et même fières de l'amitié de l'Européen.

Il faut bien se garder de les tromper dans les rapports que l'on entretient avec eux; il faut, au contraire, s'efforcer de gagner leur confiance par certains sacrifices.

Soyez sérieux avec elles; gardez-vous de toute frivolité. Le rire et la colère sont considérés par eux comme un signe d'aliénation mentale et de folie. Il faut conserver avec eux une égalité constante d'humeur; rester toujours impassible; les traiter avec affabilité; ne pas les plaisanter sur leur façon d'être, de vivre, de penser; parler peu et ne jamais laisser deviner le fond de sa pensée; rester toujours un peu mystérieux.

Les Malgaches aiment beaucoup l'Européen, et surtout le Français. Les hommes et les femmes s'attachent à lui avec le plus grand dévouement, quand il les traite avec douceur et affabilité. Ils affectionnent particulièrement nos compatriotes; la raideur britannique les glace et les repousse; la brutalité de l'Allemand leur inspire du dégoût et de l'horreur.

Le Français sérieux, circonspect, respectueux et affable réussira auprès des Malgaches bien au delà de ses espérances.

POST-SCRIPTUM.

L'ÉDUCATION DES ENFANTS.

L'éducation des enfants ne tardera pas à passer entièrement entre les mains des méthodistes anglais. De ce fait accompli il résultera que la population sera anglaise et antifrançaise.

Une loi Hova interdit à tout malgache, inscrit à l'école protestante, de quitter cette école pour aller à l'école catholique sous les peines les plus sévères.

Mais cette même loi autorise l'élève, inscrit à l'école catholique, à abandonner cette école et à passer à l'école protestante.

De là à défendre aux parents d'envoyer leurs enfants à l'école catholique, il n'y a qu'un simple temps d'arrêt pour ne pas trop faire crier les victimes.

Déjà, en 1871, après nos désastres, alors que les méthodistes anglais, toujours à l'affût de tout ce qui peut nuire à l'influence française, étaient parvenus, à force de calomnies, à faire accroire aux Hovas que la France n'existait plus, le gouvernement de la reine encourageait les protestants à abattre les églises catholiques et à forcer les catholiques à aller au temple protestant.

En effet, à cette époque fatale, on détruisait les églises et les écoles catholiques et on fouettait les catholiques pour les obliger à aller aux temples protestants. Les méthodistes anglais n'avaient pas reculé, pour atteindre le résultat, objet de tous leurs vœux, devant la ridicule et impudique obscénité de se transformer en révérends pères fouettards.

Nos missionnaires, et nos négociants aussi, étaient conspués par les autorités et défense était faite aux indigènes d'entretenir des relations avec les Français. Les églises catholiques et les magasins des Français étaient vides de catéchumènes et d'acheteurs.

L'influence française était complètement nulle et l'influence anglaise à son pinacle, maîtresse absolue.

L'autorité hova se moquait de la France et des Français, tandis qu'elle s'inclinait jusqu'à la servilité la plus abjecte devant l'Angleterre et les Anglais.

Cet état désastreux pour nos intérêts, n'ayant pour base que d'impudentes calomnies, s'écroula comme château de cartes, à l'arrivée inopinée du nouveau commandant de la division navale de la mer des Indes.

On cessa immédiatement de fouetter les catholiques pour les obliger à abandonner leurs églises et à aller aux temples protestants. On permit de rebâtir les églises démolies et on donna gratuitement du terrain aux catholiques partout où ils demandèrent à construire une église et une école.

Églises et écoles catholiques s'emplirent comme par enchantement. La maligne influence anglaise, prise en délit de flagrant mensonge, était dès ce jour complètement anéantie.

Les Hovas avaient fini par comprendre qu'ils avaient été les dupes des méthodistes anglais, toujours l'esprit en délire du besoin de destruction de l'influence française.

Six années de tranquillité et de prospérité pour nos compatriotes et nos coréligionnaires furent la conséquence de ce revirement de l'opinion des Hovas en notre faveur, revirement dû à l'éloignement des méthodistes anglais du conseil intime de la reine.

Mais l'inconscience du gouvernement français sur l'importance de Madagascar pour la
France, et les changements si fréquents de ministres, changements qui amènent toujours à leur
suite des changements dans la politique, laissèrent
tomber peu à peu en désuétude les avantages ob-
tenus en 1871 et 1872.

Les Hovas, se voyant négligés par la France et
ne se sentant plus soutenus par elle contre les
intrigues incessantes, tenaces et haineuses des méthodistes anglais, se laissèrent, par lassitude et
découragement, accrocher de nouveau par les
griffes crochues de nos inflexibles et avides ennemis.

Aussi les ordonnances contre les églises et les
écoles catholiques furent-elles remises en vigueur
avec un redoublement d'acharnement plus vivace
et plus obstiné que jamais. Et si le gouvernement
français persévère plus longtemps dans son indifférence et son incurie, nous apprendrons bientôt
que le gouvernement hova, en dépit des traités
de 1868 et 1886, qui stipulent la liberté de
conscience, prohibe dorénavant à Madagascar,
d'une manière absolue, l'exercice du culte catholique.

Cette monstrueuse prohibition, ou même tout simplement notre inconséquente indifférence prolongée, aura pour conséquence logique, forcée, fatale, notre expulsion à tout jamais de Madagascar, notre splendide France orientale, faute de partisans, et son abandon entre les mains de nos séculaires ennemis, devenus par notre négligence maîtres absolus des âmes des indigènes.

Le mode d'éducation de l'enfance et le genre de religion qui lui est inculqué, impriment à son esprit, à son caractère, à son génie naturel, les mêmes préjugés, les mêmes antipathies, les même sympathies, les mêmes haines et les mêmes affections qui affectent les éducateurs. Or, ici, les seuls éducateurs étant des Anglais, leurs élèves seront imbus par leurs leçons des haines et des antipathies qui hantent leurs cerveaux et leurs cœurs.

Les jeunes Malgaches, aussi bien que les jeunes Hovas, par suite des effets de l'éducation protestante, deviendront Anglais et par conséquent antifrançais.

Or, ayant charge du protectorat de Madagascar, pouvons-nous permettre, supporter même, que la jeunesse soit élevée en haine du nom français, de son protecteur politique et effectif?

Or, ayant charge du protectorat de Madagascar, pouvons-nous laisser se constituer peu à peu les rivalités et les fanatismes de religion à religion et se développer les germes de guerres civiles et religieuses?

Or, la liberté de conscience ayant été reconnue par les traités, comment la France ne s'est-elle pas récriée avec indignation à la nouvelle de la loi des écoles? pourquoi la France n'a-t-elle pas protesté énergiquement? pourquoi la France outragée n'a-t-elle pas fait révoquer, aussitôt promulguée, cette loi machiavélique, violatrice des traités et des consciences?

Toutes les suppositions désobligeantes pour nos gouvernants sont permises devant cet oubli des intérêts nationaux, de la dignité nationale et de nos devoirs de protecteurs d'un peuple induit si perfidement en erreur sur la validité des traités, sur leur observation et sur le respect des conventions passées librement, volontairement entre gouvernements.

Ce sans façon envers les traités de la part du gouvernement hova prouve, en outre, combien peu ce gouvernement est digne de la bienveillance de la France.

Le gouvernement français, en présence de ce manque de foi et de reconnaissance, a le devoir et le droit, pour sauvegarder ses intérêts, compromis par la loi des écoles, de faire prononcer hautement l'abrogation de cette loi et de faire proclamer à nouveau la liberté de conscience et de l'exercice des cultes.

Il est opportun de rappeler ici que, parmi ces peuples à demi barbares, les nationalités ne se distinguent que par la religion principale qui règne en chacune d'elles.

Le catholicisme représente la France, tout comme le protestantisme représente l'Angleterre.

Quiconque est catholique est Français par cela même, dans l'esprit de ces peuples.

Quiconque est protestant est Anglais par cela même, dans l'esprit de ces peuples.

Si donc, nous Français, nous voulons faire des Français des Malgaches et des Hovas, nous n'avons d'autre moyen, d'autre ressource que d'en faire d'abord des catholiques.

Et, chose étrange entre toutes pour nos intellects européens et principalement français, et cependant si vraie et si caractéristique, la nationalité, dans l'esprit de ces peuples, dépend plus de la religion que du lieu de la naissance.

Un exemple entre mille : La population des îles Raïatéa, groupe situé sous le vent et à proximité de l'archipel taïtien, ayant à se plaindre des vexations et des exigences de leurs pasteurs protestants anglais, envoyèrent une ambassade au gouverneur de Taïti pour le prier de les prendre sous son protectorat, lui jurant que, s'il agréait leur supplique, tous les habitants se convertiraient à la religion catholique :

Il est encore admis parmi ces peuples que tout homme qui n'a pas de religion, n'a pas de nationalité; il est pour eux un pauvre malheureux, un bohème, un vagabond, un abandonné du ciel et de la terre, considéré sans raison, pas plus digne de confiance que de pitié ni merci.

Il est donc essentiel pour amener les Malgaches et les Hovas à la France, de faire abroger au plus tôt la loi des écoles et de déclarer que dorénavant la liberté de conscience sera scrupuleusement respectée.

Mais, soit en demandant, soit en exigeant cette juste abrogation, nous nous heurterons, nous agirons en opposition avec l'article du traité de 1886, n° 2, qui dit : le résident général ne s'immiscera pas dans l'administration intérieure des États de Sa Majesté la reine.

Il faut convenir, à notre honte, que les Hovas ont bien raison de se moquer de nous et que leur exclamation de dédain : Eh, qu'est-ce que c'est que ça, un Français! est bien une réalité.

Cette question de l'abrogation de la loi des écoles est un véritable nœud gordien. Il sera bien difficile, si non impossible de le résoudre par les voies diplomatiques; car les Hovas se refuseront certainement à abandonner les droits propres et particuliers d'administration intérieure qui leur ont été reconnus par le malencontreux traité de 1886; de leur côté les diplomates français ne pourront jamais consentir à abandonner les droits de liberté de conscience et de libre exercice du culte catholique, inscrits, l'un et l'autre dans le traité de 1868 et corroborés par le traité de 1886.

La loi des écoles est néfaste au premier chef à l'influence française; elle interdit les sympathies envers la France.

La loi des écoles est une violation flagrante des traités de 1868 et 1886.

La loi des écoles est une violation de la liberté

de conscience, puisqu'elle empêche le choix d'une religion.

La loi des écoles est une violation de domicile du moment qu'elle défend aux Malgaches d'entrer dans la maison dominicale des missionnaires catholiques.

La loi des écoles est une excitation à la haine contre la France, car elle empêche les malgaches d'aller entendre nos missionnaires proclamer et prouver les vertus humanitaires de la France.

La loi des écoles est une exhortation au mépris de la France, car elle oblige les Malgaches à aller chez les méthodistes anglais écouter les vociférations insensées qu'ils ont la bassesse habituelle de vomir contre la France.

En un mot, la loi des écoles est un appel à l'insurrection contre la France.

Et la France, par le traité de 1886, a charge de protectorat sur Madagascar! et toutes ces infamies se passent impunies, sous les yeux de notre résident général, avec un sans gêne et une effronterie qui ne peuvent être mieux caractérisés que par les épithètes de « sans gêne et effronterie hovas ».

De par cette inique loi des écoles, tout indigène qui est entré à l'école protestante ne peut plus en sortir. La loi devient alors pour lui la lettre de cachet qui le condamne à perpétuité à être enfermé dans la bastille protestante. *Voi que entrate Lasciate ogni speranza.*

Cette œuvre, aussi infâme qu'inhumaine et méprisable, est évidemment œuvre des méthodistes anglais, dont le fanatisme dépasse en horreurs le fanatisme des Loyola. Ce fanatisme donne raison au proverbe qui dit : il n'est pire jésuite que le jésuite protestant.

Les méthodistes ont fait édicter cette loi en voyant avec quelle rapidité augmentait le nombre des élèves des missionnaires catholiques français.

Si la liberté de conscience eût persisté à être scrupuleusement respectée, il n'y aurait plus aujourd'hui à Madagascar un seul protestant, ou en d'autres termes un seul Anglais. Tous les Malgaches et même tous les Hovas seraient à l'époque actuelle tous catholiques, c'est-à-dire, tous Français de cœur et d'âme, et nous n'aurions pas eu à déplorer les événements sanglants qui ont eu lieu entre Français et Hovas.

Les Malgaches sont attirés vers la religion

catholique par l'affabilité, l'aménité, la bienveillance et le dévouement de nos missionnaires et de
nos angéliques sœurs de charité, ainsi que par
l'éclat et la magnificence des cérémonies du culte
catholique.

Le culte protestant, au contraire, comme du
reste le pasteur protestant, les repousse par la
froideur et le manque d'attraits. Le culte protestant est impuissant à inspirer à ces natures
primitives l'amour spirituel en Dieu, de même
que l'amour désintéressé envers le prochain. Ce
culte n'a produit jusqu'ici que des égoïstes, des
énergumènes et des fanatiques de la pire espèce.

Il n'est pas rare que des prêcheurs hovas,
fanatisés furieux par les méthodistes, ne se ruent
dans les églises et les écoles catholiques pour
injurier les missionnaires et les sœurs de charité,
maltraiter les néophytes et les élèves, faire du
scandale, interrompre les offices. On en a vu
même saisir des élèves et les traîner de force,
en les battant, au temple ou à l'école protestante.

Ces orgies de fanatisme se passent au vu et au
su du gouvernement hova et à la plus grande
joie des méthodistes anglais, sans que jamais les

coupables aient été punis ni même réprimandés.

La mauvaise foi des Hovas est évidente. La complicité des méthodistes anglais est patente.

Nous, Français, nous sommes, avec notre bonne foi, le jouet des machinations machiavéliques de cette ignominieuse promiscuité hova-anglaise, qui se croit tout permis à notre égard : violation des traités, violation de la liberté de conscience, violation de domicile, tortures envers nos coreligionnaires, saccagement de nos écoles, profanation de nos églises.

Assez d'énormités anglo-hovas comme cela ! La loi des écoles doit être abrogée sur-le-champ, si non, nos ministres deviennent complices de la forfaiture des Hovas et des Anglais.

ANNEXES.

I.

TRAITÉ CONCLU LE 17 DÉCEMBRE 1885 ENTRE LE
GOUVERNEMENT DE LA RÉPUBLIQUE FRANÇAISE
ET LE GOUVERNEMENT DE SA MAJESTÉ LA REINÉ
DE MADAGASCAR.

II.

LETTRE PATRIMONIO-MIOT AU PREMIER MINISTRE
RAÏNILAÏARIVONY.

I.

TRAITÉ

Conclu le 17 décembre 1885 entre le Gouvernement de la République française et le Gouvernement de Sa Majesté la Reine de Madagascar.

Le Gouvernement de la République française et celui de Sa Majesté la Reine de Madagascar, voulant empêcher à jamais le renouvellement des difficultés qui se sont produites récemment, et désireux de resserrer leurs anciennes relations d'amitié, ont résolu de conclure une convention à cet effet, et ont nommé pour plénipotentiaires, savoir :

Pour la République française,
M. Paul-Émile Miot, contre-amiral, commandant en chef la division navale de la mer des Indes ;
Et M. Salvator Patrimonio, ministre plénipotentiaire.
Et pour le Gouvernement de Sa Majesté la Reine de Madagascar :
M. le général Digby Willougby, officier général, commandant les troupes malgaches, et ministre plénipotentiaire.

Lesquels, après avoir échangé leurs pleins pouvoirs, trouvés en bonne et due forme, sont convenus des articles qui suivent sous réserve de ratification :

ARTICLE PREMIER. — Le Gouvernement de la République représentera Madagascar dans toutes ses relations extérieures. Les Malgaches à l'étranger seront placés sous la protection de la France.

ART. 2. — Un Résident, représentant le Gouvernement de la République, présidera aux relations extérieures de Madagascar, sans s'immiscer dans l'administration intérieure des États de Sa Majesté la Reine.

ART. 3. — Il résidera à Tananarive avec une escorte militaire. Le Résident aura droit d'audience privée et personnelle auprès de Sa Majesté la Reine.

ART. 4. — Les autorités dépendant de la Reine n'interviendront pas dans les contestations entre Français ou entre Français et étrangers. Les litiges entre Français et Malgaches seront jugés par le Résident, assisté d'un juge malgache.

ART. 5. — Les Français seront régis par la loi française pour la répression de tous les crimes et délits commis par eux à Madagascar.

ART. 6. — Les citoyens français pourront résider, circuler et faire le commerce librement dans toute l'étendue des États de la Reine.

Ils auront la faculté de louer pour une durée in-

Sans doute, autant que ces traités de commerce ne seront pas contraires aux stipulations du traité du 17 décembre 1885.

Le ministre plénipotentiaire.

Signé : S. PATRIMONIO.

FIN.

TABLE.

ANNEXES.

www.ingramcontent.com/pod-product-compliance
Lightning Source LLC
Chambersburg PA
CBHW070635100426
42744CB00006B/690